LA QUESTION DES MANUELS

D'INSTRUCTION MORALE ET CIVIQUE

PAR

L'abbé CHABOT

> « *N'empêchez pas les petits enfants de venir à moi.* »
>
> S. MATHIEU, XIX.

DÉBATS PARLEMENTAIRES. — PRÉTENDUE ORTHODOXIE DES MANUELS CONDAMNÉS PAR L'INDEX. — NOUVELLES ÉDITIONS DE CES MANUELS. — CIRCULAIRES MINISTÉRIELLES DE NOVEMBRE 1884.

PARIS

LIBRAIRIE POUSSIELGUE FRÈRES

rue Cassette, 15

—

1884

LA

QUESTION DES MANUELS

LA
QUESTION DES MANUELS
D'INSTRUCTION MORALE ET CIVIQUE

PAR

L'abbé CHABOT

« *N'empêchez pas les petits enfants de venir à moi.* »

S. MATHIEU, XIX.

DÉBATS PARLEMENTAIRES. — PRÉTENDUE ORTHODOXIE DES MANUELS CONDAMNÉS PAR L'INDEX. — NOUVELLES ÉDITIONS DE CES MANUELS. — CIRCULAIRES MINISTÉRIELLES DE NOVEMBRE 1884.

PARIS

LIBRAIRIE POUSSIELGUE FRÈRES

rue Cassette, 15

—

1884

La question des manuels a vivement agité les esprits depuis le jour où, à l'enseignement religieux, on a substitué les leçons de morale laïque et d'instruction civique.

Parmi les livres destinés à cet enseignement nouveau, quelques-uns portaient manifestement atteinte à la foi catholique.

L'autorité ecclésiastique les ayant censurés, on a accusé l'Eglise d'être sortie de son rôle, les évêques et les prêtres d'avoir dépassé les limites théologiques du sacerdoce, les Catholiques enfin de faire une campagne politique sous un prétexte religieux.

Il était facile de répondre à ces injustes reproches. Nous l'avons fait en publiant, dans le cours de l'année 1883, *une série d'articles dans un journal catholique.*

Pressé de donner à cette étude, jugée utile, une plus grande publication, nous avons agrandi notre cadre pour traiter d'une manière complète un sujet si important. Nous avons résumé les débats parlementaires relatifs aux manuels d'instruction morale et civique, jugé les éditions nouvelles des manuels condamnés par l'Index, rappelé les instructions données aux Catholiques par Nosseigneurs les Evêques.

La question est toujours actuelle, puisque les manuels censurés sont encore imposés ou peuvent être imposés aux enfants dans les écoles laïques; et les récentes circulaires du ministre de l'instruction publique lui donnent présentement un intérêt particulier.

Provoquées par les réclamations des Catholiques, ces circulaires révèlent les intentions définitives du Gouvernement et semblent fixer son attitude.

Nous en avons fait l'objet d'une étude spéciale, et nous en avons tiré les conséquences pratiques : car elles déterminent très clairement la ligne de conduite qui s'impose désormais aux pères de famille.

Le Souverain Pontife, dans un langage

rempli à la fois d'une tendresse paternelle pour les âmes et d'un singulier amour pour la France, vient d'exprimer encore (1) les vives inquiétudes de l'Eglise au sujet de l'enseignement de la jeunesse. Il rappelle aux Catholiques quelles doivent être leurs préoccupations et quels sont leurs devoirs, alors que la foi et la vertu des enfants sont exposées à un redoutable désastre.

Il importe de méditer ces graves paroles du représentant de Jésus-Christ :

« Il faut absolument que les pères et mères dignes de ce nom veillent à ce que leurs enfants, parvenus à l'âge d'apprendre, reçoivent l'enseignement religieux, et ne rencontrent dans l'école rien qui blesse la foi ou la pureté des mœurs.

» Cette sollicitude pour l'éducation de leurs enfants, c'est la loi divine, de concert avec la loi naturelle, qui l'impose aux parents, et rien ne saurait les en dispenser.

(1) Lettre encyclique de S. S. Léon XIII aux évêques de France, 8 février 1884.

» L'Eglise, gardienne et vengeresse de l'intégrité de la foi, et qui, en vertu de la mission qu'elle a reçue de Dieu, son auteur, doit appeler à la vérité chrétienne toutes les nations et surveiller avec soin les enseignements donnés à la jeunesse placée sous son autorité, l'Eglise a toujours condamné ouvertement les écoles appelées neutres et a maintes fois averti les pères de famille, afin que sur ce point si important ils demeurassent toujours vigilants, toujours sur leurs gardes. Obéir ici à l'Église, c'est faire œuvre d'intérêt social, et pourvoir excellemment au salut commun. »

Dans ce modeste travail, où l'on ne trouvera d'autre passion que celle de la vérité, notre but a été de servir la cause de l'Eglise, qui est la cause de Jésus-Christ. Il est doux de défendre ce qu'on aime.

Puissions-nous contribuer, pour notre part, à garder près du divin Maître ces petits enfants dont il veut être entouré!

26 février 1884.

I

DÉBATS RELATIFS AUX MANUELS

L'École neutre. — Le Manuel de P. Bert. — Protestations des Catholiques. — Attitude du Gouvernement. — L'Index et les Mandements épiscopaux. — Agitation des esprits. — Interpellation du duc de Broglie. — Promesse du ministre.

Si quelqu'un scandalise un de ces petits qui croient en moi, mieux vaudrait qu'on lui attachât au cou une meule de moulin, et qu'on le jetât au fond de la mer.

JÉSUS-CHRIST.

Le 29 mars 1882, la France entendait avec douleur son gouvernement, infidèle aux traditions chrétiennes, et « prenant une des plus terribles responsabilités qui ait jamais pesé sur une tête humaine (1), » proclamer une loi nouvelle sur l'enseignement primaire.

Cette loi remplaçait l'instruction *morale et religieuse,* qui avait toujours figuré jusque-là dans les matières obligatoires de l'enseignement populaire, par l'instruction *morale et civique.*

A l'école désormais plus d'enseignement religieux, plus de catéchisme, plus d'histoire sainte, plus de

(1) De Broglie. Discours du 31 mai 1883, au Sénat. Nous résumons ici son discours. Voir l'*Officiel* du 1er juin 1883.

visites pastorales du prêtre. A partir de ce moment, l'école publique était déclarée *neutre*, et devait être absolument étrangère à tout ce qui concerne la religion.

Mais, s'étaient écriés les catholiques, justement alarmés, cette loi est funeste : car, outre que l'enseignement moral sera inutile s'il n'est religieux, il est impossible qu'il ne rencontre pas sur son chemin et qu'il ne heurte pas l'enseignement religieux ; et alors la neutralité sera violée, et les consciences des pères de famille seront opprimées.

— Non, avait répondu le ministre de l'instruction publique, les Catholiques n'ont rien à craindre sous ce rapport. L'enseignement moral ne portera jamais, ni de près ni de loin, aucune atteinte à la neutralité religieuse. Et si un instituteur, dans le cours de son enseignement, offense la foi d'un des enfants dont l'éducation lui est confiée, il sera considéré comme aussi coupable que s'il s'était livré à des violences matérielles, et *sera puni avec une égale sévérité.*

On n'eut pas le temps de croire à l'efficacité de ces garanties.

La loi de mars 1882 n'était pas encore définitivement adoptée, et déjà un manuel était répandu à flots dans les écoles, qui blessait toutes les consciences chrétiennes, en outrageant l'Eglise, en attaquant le fondement même de toute religion positive, la notion du surnaturel, en même temps qu'il calomniait, en travestissant l'histoire, notre caractère national.

Comment ne pas se souvenir alors des récentes promesses du ministre de l'instruction publique? Au nom des Catholiques offensés, M. le duc de Broglie se plaignit d'une pareille violation de la neutralité, et s'empressa de demander à J. Ferry comment la circulation du livre de Paul Bert pouvait s'accorder avec les engagements qu'il avait pris devant le Sénat.

« Je n'ai point à connaître, répondit le ministre, des livres qui sont introduits dans les écoles ; ne les ayant point autorisés officiellement, je n'ai à prononcer à leur égard ni approbation ni improbation. Ce sont les instituteurs eux-mêmes qui choisissent les livres dont ils font usage. Je n'interdirai pas le manuel de Paul Bert, parce que je n'ai ni l'intention ni le droit de l'interdire. »

Quelques mois après, la même question était posée incidemment, au sujet du même livre, par le comte de Saint-Vallier à M. Duvaux, successeur momentané de J. Ferry. « L'administration, dit le nouveau ministre, n'a point à intervenir dans le choix des livres scolaires. La loi a désarmé à cet égard le ministre de l'instruction publique. »

Etrange impuissance ! Le Gouvernement a la prétention de réformer l'instruction publique, de concentrer entre ses mains l'enseignement de la jeunesse ; et il aurait renoncé formellement à contrôler le choix des livres qui doivent former et nourrir l'intelligence des jeunes gens ? Le Gouvernement a promis de maintenir dans l'école la neutralité religieuse, et il n'a pas le pouvoir d'interdire un livre qui la violerait ? Si le ministre n'intervient pas dans la composition des catalogues de livres classiques, ne peut-il pas cependant, d'après la loi de 1880, faite par Ferry lui-même, en retrancher d'autorité un livre qui lui paraitrait indigne d'y figurer ? Ne peut-il pas au moins le retrancher en prenant l'avis des conférences d'instituteurs, qui se garderaient bien d'être infidèles à ses indications ?

Évidemment la réponse du ministre n'était qu'un subterfuge pour éluder une question embarrassante. Il ne voulait avoir la responsabilité ni d'un aveu ni d'un désaveu, et il se retranchait derrière cette exception d'incompétence qui n'était nullement fondée ni en fait ni en droit (1).

On continua donc d'imposer aux enfants le manuel de Paul Bert (bien que le ministre eut avoué que le ton passionné de cet ouvrage était peu convenable pour un livre d'éducation); puis les manuels de Compayré, de Mme Henri Gréville et de J. Steeg.

Dans cette situation, lorsqu'on mettait entre les mains de leurs enfants des livres qui répugnaient à leur foi religieuse, les parents devaient renoncer naturellement à recourir au ministre, puisque celui-ci avait déclaré qu'il ne pouvait rien, qu'il était désarmé.

Quelques-uns eurent l'idée de s'adresser à leur préfet. Les préfets, en général, envoyèrent les pétitions au ministre de l'instruction publique ; et le ministre, on devait le prévoir, n'en tint aucun compte. Pourtant le préfet du Calvados, un protestant, répondit gravement qu'il avait examiné les manuels incriminés, et qu'il pouvait garantir aux parents catholiques qu'ils ne contenaient rien de contraire à leur foi.

D'autres pères de famille recoururent, pour se

(1) De Broglie. *Officiel* du 1er juin 1883.

défendre, à l'intervention de la Commission scolaire se rappelant que dans un passage du rapport fait au Sénat par M. Ribière, celui-ci avait déclaré, en termes positifs, qu'en vertu de l'article 10 de la loi nouvelle, tous les genres d'excuses seraient admis par la Commission scolaire, et particulièrement celle qui serait fondée sur le fait que l'instituteur aurait violé le principe de la neutralité religieuse.

Les Commissions scolaires ainsi interrogées ne furent pas toutes du même avis. Quelques-unes refusèrent d'admettre l'excuse d'absence fondée sur la violation de la neutralité religieuse. Plusieurs admirent cette excuse : mais, dès que le ministre en fut informé, il annonça sur-le-champ qu'il allait déférer au Conseil d'Etat la décision de ces Commissions scolaires qui avaient excédé leurs pouvoirs.

Que faire alors, et à qui s'adresser?

C'est à ce moment que le clergé intervient, dans l'intérêt seul de la religion et de la foi, et en écartant toute plainte fondée sur des motifs politiques. Quatre manuels, soumis au jugement de l'Index, sont condamnés par un décret de cette Congrégation (1). Les évêques flétrissent ces mêmes livres, dans leurs mandements, comme dangereux pour la foi des enfants; ils font connaitre aux fidèles

(1) Ce sont les ouvrages suivants :

Instruction morale et civique. — L'Homme, le Citoyen. — A l'usage de l'enseignement primaire, par Jules STEEG, député de la Gironde;

Eléments d'éducation civique et morale, par Gabriel COMPAYRÉ;

L'*Instruction civique à l'école*, par Paul BERT;

Instruction morale et civique des jeunes filles, par Mme Henri GRÉVILLE.

leurs devoirs, ils tracent la ligne de conduite qu'ils doivent suivre. Les prêtres, obéissant aux premiers pasteurs, combattent les manuels réprouvés, et s'efforcent d'en entraver la propagation parmi les fidèles, d'en empêcher surtout la lecture, en rappelant que la conscience y est engagée, que ces livres sont doublement mauvais, puisqu'ils sont et pernicieux en eux-mêmes, et de plus positivement interdits par l'autorité ecclésiastique.

Mais bientôt de vives réclamations s'élèvent dans les régions gouvernementales. Pourquoi poursuivre les manuels? L'Eglise veut donc, en pleine paix, déclarer la guerre à l'Etat, sans avoir négocié, sans avoir cherché des moyens de conciliation? (1) Pourquoi les évêques obéissent-ils à une décision romaine qui n'a pas été approuvée par le Gouvernement? Et pourquoi viennent-ils troubler arbitrairement les consciences chrétiennes?

On ne se contente pas de faire sérieusement de tels reproches. Quatre évêques, sur cinquante et un qui ont censuré les manuels, sont déférés au Conseil d'Etat pour s'être attaqués, non pas aux actes de l'autorité publique, ce que leur défend en effet le

(1) Discours de M. Jules Ferry, à la réunion des pédagogues, avril 1883.

« Après que le ministre a déclaré à la tribune, à deux reprises, qu'il était désarmé, qu'il n'avait aucun moyen d'action, qu'il n'interdirait jamais aucun manuel, aucun livre d'instruction morale ni civique, qu'il n'en avait ni l'intention ni le droit, comment se plaint-il qu'on ne soit pas venu le chercher pour négocier? Négocier quand vous n'aviez ni volonté ni pouvoir pour conclure? Négocier avec qui et dans quel espoir? Le reproche tombe de lui-même. » — DE BROGLIE.

Code pénal, mais à un livre que le ministre de l'instruction publique a déclaré ne pas approuver et ne pas connaître, qui n'a en sa faveur, semble-t-il, que le choix d'un instituteur de village.

On supprime le traitement d'un grand nombre de prêtres, coupables d'avoir marché sur les traces de leurs évêques et d'avoir obéi à leurs ordres ; après les avoir chassés de l'école, après avoir élevé un mur aussi haut que possible entre l'école et l'église, on franchit ce mur pour regarder comment ils enseignent la religion et comment ils administrent le sacrement.

Ils ne devaient pas manquer de s'émouvoir « du trouble arbitraire des consciences catholiques, » ceux qui avaient arraché le crucifix de l'école, biffé Dieu de la loi sur l'enseignement, chassé des hôpitaux les sœurs et les aumôniers.

Le 31 mai 1883, le duc de Broglie rappela au Sénat tous les faits que nous venons de raconter en résumant son célèbre discours ; après avoir constaté que le trouble existait en effet, mais provoqué par les protecteurs des manuels (1), il demanda encore

(1) « Le trouble existe, c'est parfaitement vrai ; il existe dans nos écoles, où les manuels contradictoires se rencontrent et se heurtent ; il existe chez les fidèles, partagés entre les menaces de la justice et les avertissements de leurs pasteurs ; il existe dans vos tribunaux, en présence des arrêts contradictoires qui les obligent même à résoudre des questions de théologie ; il existe dans vos administrations, qui ne savent quels conseils donner ni comment s'y prendre au milieu de cette confusion. N'avons-nous pas vu l'autre jour un préfet de la Normandie, ne sachant plus quel manuel indiquer aux instituteurs, leur conseiller de faire de la morale en commentant les fables de La Fontaine ? Le trouble existe donc partout, mais c'est vous qui l'avez provoqué. »

une fois au ministre ce qu'il voulait faire : ou laisser errer dans les écoles ces mauvais livres comme par le passé, et continuer à opprimer les consciences, à persécuter la religion, ou tenir l'engagement solennel qu'il avait donné aux parents chrétiens de ne laisser jamais toucher au dépôt sacré de la foi de leurs enfants.

« Ce que vous n'avez pas fait, disait-il, est-il temps de le faire encore ? Je l'ignore. La tâche de maintenir la neutralité religieuse que vous avez entreprise malgré nos conseils, malgré les difficultés que nous prévoyions, est-elle donc impossible à remplir ? Ce qu'il y a de certain, c'est qu'à ce prix seulement la société rentrera dans le calme que vous avez troublé. C'est donc à vous, qui avez créé l'inquiétude, de trouver le moyen de la dissiper; c'est vous qui avez posé le problème, c'est à vous de le résoudre. »

La réponse du ministre peut se résumer ainsi :

Le Gouvernement s'est engagé à faire respecter la neutralité religieuse.

Cette neutralité n'a pas été violée par les manuels incriminés.

Nous sommes d'accord avec le ministre sur le premier point : il est certain que le Gouvernement avait pris des engagements solennels; loin de les nier, J. Ferry les a renouvelés dans son discours dans les termes les plus formels et les plus énergiques. Il a fait remarquer toutefois que c'est la neutralité religieuse seulement qu'on s'est engagé à maintenir, non la neutralité philosophique ni la neutralité politique, car la France est spiritualiste et républicaine.

Quant à la seconde affirmation, nous nous proposons de la combattre, et nous prouverons aisément que les évêques, gardiens de nos croyances chrétiennes, ne se sont point trompés en regardant les manuels comme dangereux pour la foi, et en les condamnant contre le gré des esprits irréligieux.

Mais le but véritable que le ministre semble vouloir atteindre dans son discours, c'est de renvoyer contre les Catholiques l'accusation de violence et de persécution. A le croire, c'est « le décret de la Congrégation de l'Index, si dangereux, si malfaisant par ses conséquences, par le trouble qu'il a jeté dans les consciences, qui, passant par dessus la tête du secrétaire d'Etat, est venu allumer chez nous des incendies. » Il ne voit contre lui, en cette campagne, que la coalition « des ennemis de la République et de tous ceux qui cherchent à faire des passions religieuses l'instrument de leurs rancunes politiques. » Il constate enfin que l'état de choses, exposé par M. de Broglie, ne peut durer, qu'il y a des mesures à prendre, que des précautions s'imposent, d'autant plus que le Gouvernement veut rester en bons termes avec l'Eglise et maintenir le Concordat (1).

Si le choix des autres livres appartient aux conférences d'instituteurs, le président du Conseil reconnait qu'il faut plus de garanties pour les manuels d'éducation morale et civique.

« Je n'hésite pas à dire qu'au point de vue de

(1) « Nous voulons, vous le savez bien, je m'épuise à le répéter, je dépense chaque jour mes forces et mon crédit à soutenir cette thèse, nous voulons rester en bons termes avec l'Eglise et maintenir le Concordat. » — *Officiel* du 1er juin.

notre responsabilité comme de nos engagements, et, l'événement le prouve, dans l'intérêt de la paix des esprits, il faut, en ce qui concerne les manuels d'éducation morale et civique, prendre quelques précautions de plus.

» Je suis donc tout à fait résolu à proposer au Conseil supérieur, dans la prochaine session, une disposition complémentaire du décret d'avril 1880. Il sera établi que l'inscription des manuels d'instruction civique et des manuels de morale sur la liste des livres destinés aux écoles primaires publiques, ne sera définitive que lorsque ces manuels auront passé sous les yeux du ministre et de la section permanente du Conseil supérieur... Nous croyons trouver là le moyen assuré de rétablir en ces matières délicates la paix qui est le bien de tous, la paix que nous voulons, que nous désirons et que nous aurons, malgré ceux qui cherchent à la troubler. »

Cette promesse, qui est loin de nous rassurer, puisque nous ne pouvons prévoir si le Conseil supérieur n'autorisera que des livres vraiment orthodoxes, nous en avons pris acte; et bien que la session de juillet 1883 soit passée depuis longtemps, nous en attendons encore l'exécution et les conséquences pratiques.

II

CAUSES DE LA CONDAMNATION DES MANUELS

Reproches adressés aux Catholiques. — La prétendue orthodoxie des Manuels condamnés. — La question est religieuse et non pas politique. — Notre thèse.

Ils viendront à vous avec des vêtements d'agneaux, mais en réalité ce sont des loups ravisseurs.
JÉSUS-CHRIST.

Pourquoi l'Eglise, pourquoi l'Index, les évêques, les prêtres ont-ils interdit aux fidèles certains manuels d'éducation civique et morale?

La réponse à cette question semble toute naturelle: c'est parce que l'Église a jugé ces livres dangereux pour la foi chrétienne, qu'elle doit protéger.

La foi était attaquée: l'Eglise l'a défendue. Telle est la vérité.

Dans son manuel d'instruction civique, Paul Bert ne dissimule pas ses intentions; il ne fait aucune difficulté d'avouer qu'il désire remplacer les vieilles idées religieuses par des idées nouvelles.

Paul Bert est comme l'enfant terrible qui révèle tous les secrets, et que l'on gronde ensuite en famille.

Depuis quelques années, l'Eglise a eu à souffrir bien des vexations de la part du Gouvernement français. Mais la persécution, toute réelle qu'elle est, n'a jamais été avouée par ceux qui ont passé au pouvoir. Au contraire, ils aimeraient à nous faire croire qu'ils cherchent en toutes choses le bien de la religion et l'honneur de l'Église, tant il est vrai que les pouvoirs humains ont, vis-à-vis de la religion, non pas des droits de tutelle à exercer, mais des devoirs de protection à remplir.

Aussi nous avons vu comment on a répondu aux plaintes des Catholiques. On a déclaré coupables, on a puni les évêques et les prêtres qui combattaient les manuels imposés, en disant qu'ils combattaient la République et non pas l'impiété.

Les Catholiques, affirmait-on, ont profité de la question des manuels pour engager contre le Gouvernement une campagne purement politique. Les intérêts de la foi ne sont qu'un prétexte; ils servent à déguiser une attaque très habile. La preuve en est que les manuels accusés sont innocents, inoffensifs, orthodoxes, absolument irréprochables au point de vue de la foi chrétienne.

C'est particulièrement à cette accusation que nous nous proposons de répondre dans notre ouvrage. Aussi nous allons l'exposer tout entière. Et pour qu'on ne puisse pas nous reprocher de l'atténuer ou de l'exagérer en la puisant à des sources peu autorisées, nous citerons les propres paroles de J. Ferry, ministre de l'instruction publique, répondant au nom du Gouvernement à l'interpellation de M. de Broglie (1).

(1) Séance du 31 mai 1883, au Sénat. Voir l'*Officiel* du 1er juin.

Dans la question des manuels, si l'on en croit le président du Conseil, c'est l'Eglise qui attaque, et le Gouvernement se défend, *comme toujours*.

« M. de Broglie a affecté, pendant tout son discours, de déplacer les responsabilités, de dénaturer, qu'il me permette le mot, le caractère de la lutte que nous soutenons ; il cherche à nous représenter comme ayant pris nous-mêmes une attitude agressive, alors que dans cette question des manuels scolaires, comme dans toutes les questions si délicates qui touchent aux relations de l'Eglise et de l'Etat, nous n'avions, avec le concours du Parlement et son approbation, *suivi d'autre politique que celle de la défensive*... Oui, nous nous tenons, aujourd'hui comme toujours, sur la défensive, et nous rencontrons devant nous la coalition, qui n'est point nouvelle dans ce pays, des ennemis de la République et *de tous ceux qui cherchent à faire des passions religieuses l'instrument de leurs rancunes politiques*. » (Vives exclamations et bruit à droite.— Très bien ! et applaudissements à gauche.)

La guerre faite aux manuels d'éducation morale et civique est donc inspirée par les passions politiques, et non par un principe de religion.

« *L'attaque* qui a été si vivement, si habilement conduite contre l'enseignement laïque, poursuit Ferry, et qui a pris un élan nouveau dans l'affaire des manuels scolaires, révèle à qui veut, étudiant les faits, les juger avec impartialité et comme les mettre au point, *un plan de campagne dont le but est infiniment plus politique que religieux*. »

Aussi cette campagne serait-elle blâmée certainement par le chef de l'Eglise.

« On a dépassé même les limites théologiques du sacerdoce; et si l'on se trouvait en présence de l'autorité sacerdotale suprême, on ne défendrait assurément pas tout cet ensemble de *violences*, de *provocations*, d'*excommunications* et d'*auto-da-fé*, au moyen desquels on a porté le trouble dans un certain nombre de diocèses de France. »

Et de quelles preuves le ministre appuie-t-il ses affirmations? Par quelles raisons est-on amené à croire que la question des manuels est une question politique et non pas une question religieuse?

Il ne peut y avoir qu'une raison valable : le ministre n'hésite pas à la donner. Les manuels condamnés par l'Eglise et rejetés par les Catholiques ne contiennent rien de contraire à la foi chrétienne : ils sont, sous ce rapport, absolument irréprochables.

« Messieurs, je crois que, pour tous les hommes de bonne foi, *les déclamations, les plaintes, les manifestations épiscopales, sacerdotales, religieuses,* qui ont pris le manuel de M. Compayré et quelques autres *pour prétexte*, sont tellement excessives, si peu justifiées par le fond des choses, si peu proportionnées aux périls que pouvaient renfermer ces petits livres *innocents*...

M. Mayran. — Il faut être bien naïf pour traiter cela d'innocent.

M. le président du Conseil. — Inoffensifs, si vous aimez mieux, qu'*on a le droit de conclure* que toute cette campagne a été, en définitive, comme je le disais en commençant, bien plus politique que religieuse.

M. Chesnelong. — C'est une erreur.

Un sénateur à gauche. — Oui, uniquement politique.

M. le président du Conseil. — Vous m'avez reproché très durement, très amèrement de n'avoir pas eu le courage d'interdire le manuel de Paul Bert. Il contient, dites-vous, des atteintes manifestes au principe de la neutralité confessionnelle, de la neutralité religieuse, des attaques contre tout ce qui est le fond de toutes les religions positives. Veuillez vous reporter, s'il vous plait, à l'édition actuellement en circulation (1); c'est la onzième : *je vous défie d'y trouver un seul mot* qui constitue une atteinte *directe ou indirecte* au respect dû aux croyances de l'enfant ou des familles... Je fais encore une fois appel à tous les hommes sincères de cette Assemblée; ils reconnaîtront, s'ils veulent prendre la peine de lire ce livre, qu'*au point de vue de la neutralité religieuse il est absolument irréprochable.* »

Pourquoi donc les évêques et les prêtres ont-ils fait tant de *manifestations* contre des manuels qui respectent la neutralité religieuse? Pourquoi les ont-ils déclarés mauvais, dangereux, propres à détruire dans les âmes les principes chrétiens?... Evidemment parce qu'ils ne les avaient pas lus. Cela a été dit.

« J'ai fait une remarque bien curieuse, dit gaîment le ministre: c'est que sur dix ou vingt personnes qui parlent de ces manuels, qui en parlent en se signant, qui disent: « Il paraît qu'il y a d'affreux » livres qui s'appellent des manuels d'enseignement

(1) Nous verrons plus loin ce qu'il faut penser de cette édition *corrigée*.

« civique, » *on n'en compte pas une* qui les ait lus ! (Rires à gauche.) Il m'a été donné, grâce aux fonctions dont j'ai la charge, de me trouver en conversation, sur ce chapitre délicat, avec *des prélats* de France. Le premier mot qu'*ils* me disaient était celui-ci : « Ah ! *nous* ne les avons pas lus. » (Nouvelle hilarité à gauche. — Dénégations à droite) (1).

Et tout cela prouve clairement qu'ils abusent de leur influence et de leur autorité ceux qui jettent arbitrairement le trouble dans les consciences, à l'occasion de ces petits livres innocents.

« Monter en chaire pour chasser les enfants du catéchisme, ou bien, à la veille de leur première communion, leur dire : Vous êtes de l'école laïque ; il y a là des livres d'enseignement qui nous déplaisent ; nous vous rejetons de la catholicité, vous ne communierez pas ! Je dis que c'est, avant tout, contraire à la charité chrétienne... *Ce sont là des excès ; nous les avons châtiés, et, s'il y a lieu, nous les châtierons encore.* » (Vifs applaudissements à gauche.)

En entendant un ministre lancer ces diatribes contre le parti catholique, comment ne pas songer à la fable *du Loup et de l'Agneau ?*

Tu la troubles, reprit cette bête cruelle ;
Et je sais que de moi tu médis l'an passé...

Pour justifier des excès d'administration, on reproche à l'Eglise d'être sortie de son rôle véritable par des excès religieux, et d'avoir provoqué les

(1) *Officiel* du 1er juin 1883.

colères gouvernementales en commençant l'attaque, par son attitude agressive.

C'est l'Eglise (1) qui a commencé, dit-on : elle fait contre nous une campagne politique; la complète innocence des manuels en est une preuve.

Il nous sera aisé de détruire ces assertions perfides.

La vie de l'Eglise se mêle à la vie des états, parce que les intérêts éternels et les intérêts temporels se rencontrent dans la société comme ils se combinent dans l'individu. Mais, quelle que soit sa part dans les mouvements politiques, le but qu'elle poursuit est toujours un but supérieur et surnaturel. Elle n'a qu'une politique, si l'on peut ainsi parler, conduire les âmes au ciel. Elle n'a jamais exclu de son alliance aucune forme honnête de Gouvernement, portant au besoin la condescendance aux dernières limites, et se dégageant des préoccupations purement humaines. Le Gouvernement qu'elle aime le mieux, c'est celui qui l'aide le plus efficacement dans sa tâche divine : et le jour où les puissances de ce monde mettent des obstacles à l'accomplissement de sa mission, elle se souvient de son indépendance pour défendre contre elles les intérêts des âmes et soutenir les droits impérissables de la vérité.

(1) Le ministre n'a pas dit *l'Eglise*; il a cherché au contraire, et un sénateur l'a fait observer, *à dégager le Pape*. Il s'est servi de ces expressions : *Les manifestations épiscopales, sacerdotales, religieuses*. Mais, ainsi que l'a remarqué Ferry lui-même, les évêques ont fait écho au décret de la Congrégation de l'Index, qui est l'organe de l'autorité suprême : c'est donc l'Eglise véritablement qui a condamné les manuels en question par le décret de l'Index et par les mandements des évêques.

Dans la question des manuels, les évêques, comme la Congrégation de l'Index, n'ont point quitté ces hauteurs sereines de la foi. Leurs mandements signalent les dangers auxquels ces livres exposent les âmes : ils n'ont point invoqué contre eux de raisons politiques.

« Dès que l'épiscopat et le clergé ont cru devoir prendre part au débat, il n'a plus été question, de sa part du moins, d'aucune plainte fondée sur des motifs politiques. *Aucun mandement, aucun acte épiscopal n'en porte la trace.* L'intérêt seul de la religion et de la foi y a la parole (1). »

Nous établissons donc le raisonnement suivant :

1° L'Eglise a la mission de défendre la foi, et le droit de censurer, d'interdire les livres où cette foi est attaquée ;

2° Or, les manuels d'éducation comdamnés par l'Index et combattus par le clergé sont des livres qui attaquent la foi chrétienne.

Donc les évêques et les prêtres, dans la question des manuels, n'ont fait et ne font que leur devoir, et sont dans leur rôle veritable.

Il est inutile de développer la première partie de notre raisonnement : il suffira de rappeler les droits de l'Eglise dans le domaine des principes chrétiens, et de faire connaître les attributions de l'Index.

Nous prouverons facilement la seconde partie en faisant une étude consciencieuse, à un point de vue exclusivement religieux, au point de vue de l'orthodoxie, du manuel composé par Paul Bert.

(1) De Broglie.

III

L'INDEX

L'Eglise gardienne de la foi. — Danger des mauvais livres. — La Congrégation de l'Index. — Obligations qu'elle impose à tous les fidèles sans exception. — Ses décisions s'adressent directement aux consciences des Catholiques.

Il y a plaisir d'être dans un vaisseau battu de l'orage, lorsqu'on est assuré qu'il ne périra point. Les persécutions qui travaillent l'Eglise sont de cette nature. L'histoire de l'Eglise doit être proprement appelée l'histoire de la vérité.

PASCAL.

Après avoir divinement instruit le genre humain de sa condition, de ses devoirs et de ses destinées, Jésus-Christ, « la voie, la vérité et la vie, » a confié à son Eglise le dépôt des vérités éternelles qu'il nous avait apportées du ciel.

Il a ordonné à ses apôtres et à leurs successeurs d'enseigner la foi à toutes les nations, leur promettant d'être avec eux jusqu'à la consommation des siècles ; et lui-même, d'avance, il a lancé l'anathème contre quiconque n'écouterait pas l'Eglise.

Qui peut ignorer avec quelle fidélité l'Eglise a rempli sa haute mission ?

Ainsi que l'avait annoncé son divin fondateur, elle n'a jamais éprouvé dans sa foi aucune défaillance. Elle traverse les âges, tranquille et confiante, sur le roc immuable où Dieu l'a assise. L'erreur ne prévaut point contre elle : le souffle de la persécution ne fait qu'aviver son flambeau. Il n'est rien qui lui soit plus précieux que l'intégrité de la doctrine : elle n'y laisse entrer aucun alliage ; elle ne perd rien non plus de son trésor, dont elle ne voudrait céder même un iota (1) ; elle aime mieux séparer des sources de la vie ceux qui prétendent y faire leur choix sans l'accepter dans toute sa pureté. Elle sait élever à sa hauteur toutes les intelligences, s'adaptant à leur faiblesse, mais se dégageant toujours de leur corruption, car jamais on ne la voit transiger avec les opinions et les préjugés des hommes (2) : ce n'est point, en effet, par de vaines

(1) M. le président du Conseil est plus complaisant : il trouve étonnant que le manuel Compayré soit condamné pour *une seule* erreur contre la foi. « Il y a, dit-il, sur le mariage civil, un passage qui déclare qu'une fois marié devant le maire, on est bel et bien marié... Et c'est pour cela qu'on a agité le pays, troublé les consciences ; c'est pour cela qu'on mettrait en péril, si des deux côtés il ne se trouvait pas des hommes plus sages, les rapports de l'Eglise et de l'Etat. Il est nettement évident qu'il n'y a là originairement qu'une *persécution* personnelle et acharnée... » — *Officiel* du 1er juin.

(2) Ces transactions sont un des caractères de l'erreur, des hérésies. « Les ariens ne voulaient autre chose, sinon que l'on supprimât le mot de *Consubstantiel,* comme apportant trop grand trouble à l'Eglise ; et qu'après, en dissimulant le reste de la doctrine, on vécût en bonne intelligence. Ainsi, disaient les calvinistes, ne parlons plus de la réalité du corps de Jésus-Christ dans l'Eucharistie, sur laquelle nos pères se sont si longtemps combattus ; du reste, unissons-nous, et que chacun demeure dans sa croyance... O la nouvelle façon de terminer les schismes, toujours inconnue à l'Eglise et toujours pratiquée par les hérétiques ! » — BOSSUET.

complaisances qu'elle s'attire l'amour des âmes sincères, mais par les attraits, éternellement puissants, de sa vérité sereine et de sa divine intégrité.

Depuis la découverte de l'imprimerie, les livres sont le moyen dont se sert surtout l'erreur pour répandre ses séductions : pour protéger les fidèles contre les dangers qu'y rencontrent également les esprits et les cœurs, l'Eglise a institué une Congrégation spéciale chargée d'examiner les livres au point de vue de l'orthodoxie, pour en défendre la lecture aux fidèles, s'ils sont contraires à la saine doctrine ou à la morale chrétienne. On l'appelle la Congrégation de l'Index, parce qu'elle dresse un *Index,* c'est-à-dire un catalogue, une table, des livres qu'il n'est pas permis de lire.

Ordinairement cette Congrégation ne recherche pas elle-même les livres dangereux ; elle juge seulement ceux qui lui sont présentés.

Elle les condamne sans signaler spécialement les erreurs pour lesquelles elle les juge mauvais. Signaler des principes lorsqu'elle interdit un livre, serait condamner ces mêmes principes. Or, il n'est pas dans ses attributions de condamner telle ou telle proposition : cela regarde une autorité plus haute. Elle défend les livres dangereux comme une mère éloigne des lèvres de son enfant un breuvage qu'elle croit empoisonné, de quelque nature que soit le poison, prompt ou lent, apparent ou caché, concentré dans une partie ou dispersé dans la masse.

Les Souverains Pontifes, dans les instructions qu'ils ont données au sujet de l'Index, recommandent, comme un devoir grave, aux savants théologiens chargés de l'examen, de ne pas se laisser surprendre par l'esprit de parti, par des opinions particulières, par des influences politiques; de respecter toutes les idées que le Saint-Siége n'a pas condamnées et qui ne sont pas de nature à compromettre les intérêts de la religion.

La Congrégation de l'Index étant un des Conseils dont s'entoure le Souverain Pontife pour gouverner l'Eglise universelle, il est évident que ses décisions s'imposent à la conscience de tous les fidèles sans exception (1), parce qu'elles sont l'expression des volontés du Pasteur universel. Refuser de se soumettre à ses décrets, lire les livres qu'elle défend de lire, c'est, pour les Catholiques, commettre une faute grave. Les parents catholiques étaient donc obligés de repousser les manuels condamnés qu'on mettait entre les mains de leurs enfants, et de faire tous leurs efforts pour affranchir leur foi de cette oppression.

J. Ferry refuse énergiquement, dans la question des manuels, de se mettre au point de vue de l'Index, « point de vue, dit-il, infiniment trop absolu, trop particulier, trop mystique, trop théologique, pour qu'une société laïque puisse en tenir compte. »

Mais, Messieurs les ministres, on ne vous demande pas « d'enregistrer *dévotement* les décisions de la Congrégation de l'Index (2), » ni de faire un acte de soumission au chef de l'Eglise dont cette Congrégation représente l'autorité!

(1) Ceux qui, à cause de leur situation dans l'Eglise, ont besoin de lire les ouvrages condamnés, soit pour y prendre des renseignements nécessaires, soit pour les combattre, demandent à l'autorité ecclésiastique, et en obtiennent une permission écrite.

(2) Discours de J. Ferry, au Sénat.

Rappelez-vous seulement les engagements que vous avez pris. Vous avez promis « que jamais il ne serait porté aucune atteinte à la foi des enfants catholiques. »

Or, je vous le demande, à quel point de vue vous mettez-vous pour savoir si tel ou tel livre qu'on donne aux enfants blesse ou respecte la foi catholique? Etes-vous compétent pour juger vous-mêmes? Savez-vous distinguer ce qui appartient essentiellement à l'enseignement de l'Eglise et ce qu'elle n'a point appris de son divin fondateur? Et si vous jugez, croyez-vous que les Catholiques auront, sous ce rapport, quelque confiance en votre jugement?

Non, vous ne pouvez avoir cette illusion. C'est à l'Eglise évidemment de connaitre de son enseignement et de sa foi : et comme l'Index est l'organe *officiel* de l'Eglise, nous apprenons sûrement par le jugement de cette Congrégation si tel livre porte atteinte à la foi catholique.

Pourquoi donc tant vous irriter contre « le décret de la Congrégation de l'Index, si dangereux, si malfaisant, qui, passant par dessus la tête du secrétaire d'Etat, est venu ainsi allumer chez nous des incendies? » Pourquoi invoquer les doctrines gallicanes (1), suivant lesquelles l'Index n'aurait pas force de loi en France? Ces prétendues libertés,

(1) « S'il y a quelque chose de bon et d'utile dans les décisions du Conseil d'Etat, s'il y a quelque chose de nécessaire dans ces arrêts qu'on a si vivement critiqués, c'est d'avoir maintenu sur ce point les véritables doctrines gallicanes et françaises. » — Discours de J. Ferry, au Sénat.

nous ne les demandons pas: voudriez-vous nous les imposer?

Ou bien vous les réclamez pour les Catholiques de France; ou bien vous les réclamez pour le Gouvernement.

Si c'est pour nous, nous refusons de les accepter, parce qu'elles sont illégitimes: nous obéirons aux Congrégations romaines dès que nous connaitrons leurs décisions; et nous connaitrons leurs décisions sans le Gouvernement, malgré le Gouvernement, puisque les journaux les publient par tout le monde (1). Du reste, dans la question présente, ces libertés nous seraient inutiles : si les décrets de l'Index ne nous obligeaient pas au point de vue disciplinaire, grâce « aux vraies doctrines gallicanes et françaises, » au point de vue dogmatique du moins, point de vue qui n'admet pas d'exceptions, ils confirmeraient cette idée, que nous avions déjà, que les manuels dont il s'agit sont dangereux pour la foi et la morale chrétiennes : car, il importe de le remarquer, le président du Conseil refuse de le comprendre, ce n'est pas seulement parce que l'Index a condamné les manuels que nous les

(1) « Il semble, quand on fait appel à l'article 1er de la loi organique, qu'on n'oublie qu'une chose, c'est que, depuis 1801, il y a eu en France quelque chose de nouveau qu'on appelle la liberté de la presse. Pour les faits qui ne touchent qu'à la simple direction spirituelle, quelle application voulez-vous qu'on en fasse aujourd'hui, et quelle utilité voulez-vous en attendre? Quand tous les journaux rapportent les décisions romaines, quand le télégraphe même les annonce avant les journaux, comment voulez-vous empêcher les évêques de les connaitre et les fidèles de s'y conformer? Ce serait essayer d'arrêter un ballon au moyen d'une ligne de douane! »

croyons mauvais; mais l'Index les a condamnés parce que ce sont de mauvais livres.

Si c'est pour vous-mêmes que vous réclamez les libertés gallicanes, quel besoin en avez-vous? Les décrets de l'Index ne s'adressent pas à vous; personne n'espère qu'ils obtiennent de vous directement quoi que ce soit. Ils ne s'adressent qu'à nos consciences, pour les diriger suivant les principes du Christianisme : n'en tenez aucun compte; la question n'est pas entre l'Index et vous; elle est entre vous et les pères de famille, encouragés dans leur résistance par le décret de l'Index. Vous avez promis de respecter nos croyances; n'imposez pas des livres qui, de l'avis de tous les Catholiques, éclairés même par un jugement officiel, portent atteinte à notre foi et violent manifestement la neutralité religieuse.

IV

LES MANDEMENTS EPISCOPAUX

Les Evêques pasteurs des fidèles. — Ils doivent surtout protéger la foi des enfants. — Neutralité de l'école promise par le Gouvernement. — Ils ont usé de leur droit dans la question des manuels.

Jésus-Christ, notre vie nécessaire, est l'expression de la pensée de son Père ; et les évêques, répandus dans le monde, sont l'expression de la pensée de Jésus-Christ.

Saint IGNACE, martyr.

La Congrégation de l'Index, instituée spécialement par l'Eglise pour signaler aux fidèles les livres dangereux, a condamné des manuels d'éducation civique et morale : on dit que le décret de l'Index est un décret malfaisant, incendiaire.

Les évêques ont élevé la voix pour réprouver aussi les mêmes ouvrages et pour faire appliquer les décisions de l'Index : on prétend qu'ils ont abusé de leur autorité.

Sur cinquante et un qui avaient censuré les manuels, quatre ont été déférés, pour ce chef, au Conseil d'Etat. Les autres sont compris dans l'accusation du ministre, qui leur reproche d'avoir agi par passion, sous des influences politiques, et non pas dans les intérêts de la religion.

Quoi de plus naturel, pourtant, que les évêques instruisent de leurs devoirs les âmes qui leur ont été confiées par Dieu?

D'après les paroles et selon l'institution de Jésus-Christ, ne sont-ils pas docteurs, et n'ont-ils pas la mission de prêcher à haute voix la pure doctrine de l'Evangile?

S'ils sont la lumière du monde, ne doivent-ils pas, des hauteurs où ils sont placés, dissiper les ténèbres de l'erreur qui s'étendent de tous côtés?

Ils sont le sel de la terre : c'est à eux de préserver la société humaine de toute corruption intellectuelle ou morale.

Ils sont pasteurs enfin : et comme le pasteur éloigne son troupeau des plantes malsaines pour le conduire aux excellents pâturages, ainsi écartent-ils de nos lèvres le poison des fausses doctrines, pour nourrir nos intelligences en leur donnant le pain substantiel des incorruptibles vérités de la religion.

« Je cherche vainement quel reproche on pourrait faire à l'intervention du clergé et de l'épiscopat dans ce débat. Peut-on dire qu'il n'y était pas intéressé? Est-ce que les évêques n'ont pas le droit, ne sont pas même chargés par un article du Concordat de veiller au maintien de la foi dans leurs diocèses? Et quelque chose pouvait-il menacer plus dangereusement la foi des populations qu'un manuel circulant librement dans les écoles, qui attaquait et pouvait ébranler les convictions naissantes des enfants? Reprocherait-on aux évêques d'avoir censuré des livres dans leurs mandements? Mais ce droit leur a toujours été reconnu, ils l'ont toujours exercé. Des ouvrages célèbres, de nos jours même, ont été l'objet de ces censures épiscopales, qui, d'ailleurs, ne s'adressent qu'aux croyants, et ne portent aucune atteinte à la sécurité personnelle d'un auteur (1). »

Des livres destinés à l'enfance devaient particulièrement attirer l'attention des évêques et alarmer leur vigilance pastorale. Les luttes de nos jours, aussi vives et aussi ouvertes que jamais, se livrent surtout autour de l'enfance, trésor que les uns veulent sauver, proie dont les autres sont avides. Nul n'ignore que la société récolte dans l'homme ce qui a été semé dans l'enfant. Pour avoir plus tard des citoyens libres-penseurs, il faut maintenant mettre au cœur des enfants, dût-on pour cela le violenter, la haine ou au moins la défiance vis-à-vis de la religion. Aussi les évêques sont-ils préoccupés surtout de l'instruction donnée aux enfants, les préférés du divin Maître; et n'ont-ils rien plus à cœur que de les préserver de la contagion impure du doute, de l'indifférence, de l'impiété.

Si l'Etat, dans les intérêts temporels du citoyen, exerce lui-même, par le Conseil supérieur de l'instruction publique, un contrôle sur les ouvrages employés dans l'enseignement, n'est-il pas plus important encore que l'autorité ecclésiastique, préoccupée des intérêts spirituels et éternels des âmes, surveille aussi ces ouvrages, de peur qu'ils n'attaquent la foi des enfants, et ne ruinent en eux les principes chrétiens qui doivent les sauver?

Du reste, en signalant et en censurant après l'Index des manuels dangereux au point de vue

(1) De Broglie, discours au Sénat.

chrétien, les évêques, bien loin d'obéir à des inspirations politiques et de créer des difficultés au Gouvernement, l'aidaient plutôt dans un devoir grave, et lui rendaient plus aisé l'accomplissement de ses promesses.

Il avait promis, dans les termes les plus formels, que la neutralité serait rigoureusement maintenue à l'école, que la foi des enfants n'y courrait aucun danger. Rappelons ces promesses. il importe qu'elles soient bien connues maintenant, et peut-être, hélas! serons-nous encore obligés à l'avenir de nous en prévaloir dans la revendication de nos droits.

« A l'égard de l'instruction morale, dit M. de Broglie, il (1) affirma, *avec une extrême énergie*, que cet enseignement ne porterait jamais, *ni de près ni de loin*, aucune atteinte à la neutralité religieuse.

» Personne n'a oublié les termes dont il se servit alors, et que lui-même, j'en suis sûr, ne désavoue point.

» Il affirma que si, dans le cours de cet enseignement, un instituteur portait atteinte à la foi d'un des enfants dont l'éducation lui était confiée, il le considérerait *comme aussi coupable que s'il s'était livré à des violences matérielles, et punirait cette faute avec une égale sévérité.*

» C'est sous l'empire de ces assurances, qui ne nous inspiraient à nous qu'une confiance limitée, que la majorité du Sénat, convaincue de leur sincérité, a voté la loi de mars 1882. »

Ainsi les promesses relatives au respect de la religion dans l'école avaient été formulées en termes

(1) Le ministre de l'instruction publique.

clairs et énergiques : loin de les désavouer depuis, le Gouvernement les a renouvelées avec complaisance.

« Je n'ai pas à me plaindre, disait au Sénat le président du Conseil, séance du 31 mai 1883, de ce que l'honorable M. de Broglie a rappelé à cette tribune les engagements solennels que j'y ai pris moi-même...

» Nous avons promis la neutralité religieuse : le Gouvernement *veillera* à ce qu'il ne tombe pas des lèvres de l'instituteur, *à ce qu'il ne se manifeste sous aucune forme* dans son enseignement, une attaque *directe ou indirecte* aux croyances de l'enfant, et permettez-moi de vous rappeler l'expression dont je me suis servi et que j'aime à répéter, à la conscience de l'enfant, la plus vénérable de toutes les consciences...

» L'instruction adressée aux instituteurs (1) doit donner satisfaction aux consciences les plus ombrageuses, tant elle est respectueuse de la foi de l'élève, tant elle laisse à l'écart avec un soin jaloux les croyances de la famille, tant on s'y est étudié à faire de cet enseignement moral en quelque sorte la *prolongation de l'enseignement religieux reçu dans la famille* (2). »

Toutes ces protestations prouvent évidemment que les promesses du Gouvernement avaient été aussi sérieuses que possible.

Mais s'il avait vraiment l'intention de faire respecter la neutralité, s'il soupçonnait qu'elle

(1) Il s'agit ici du programme du Conseil supérieur sur le rôle de l'instituteur dans l'enseignement moral.

(2) Voyez-vous cela ! interrompit M. Mayran ; on le supprime, et on dit qu'on le prolonge.

pouvait être violée, puisqu'il lançait d'avance des menaces contre ceux qui se rendraient coupables de ce crime, ne devait-il pas désirer d'être renseigné par des personnes autorisées sur les circonstances où il devrait intervenir? Était-ce lui faire opposition que de lui faire savoir que l'heure était venue de tenir ses engagements?

Les évêques devaient croire qu'il leur suffirait de constater publiquement la violation de la neutralité, pour que le Gouvernement rétablît l'ordre ; et, de fait, s'il avait, dès le principe, pris des mesures pour assurer l'exécution de la loi, il eût évité bien des difficultés qui sont survenues à ce sujet. Pouvait-il même se retrancher derrière ce reproche fait aux Catholiques d'exagérer le danger des manuels, après avoir affirmé que jamais, de près ni *de loin,* il ne serait porté aucune atteinte directe ou *indirecte* à la foi de l'enfant?

Il n'y avait plus à hésiter surtout devant le langage de l'épiscopat. Jusqu'alors on pouvait nous dire : De quoi vous plaignez-vous? On n'attaque pas votre foi, puisque les évêques, qui en sont le rempart, gardent le silence... Les mandements épiscopaux détruisaient cette objection, et l'on a osé invoquer le silence personnel du pape, et dire que lui, du moins, n'approuverait certainement pas l'attitude des Catholiques (1).

La vivacité de la résistance à l'oppression, à l'injure faite à nos croyances, a tellement étonné ceux qui nous gouvernent, qu'ils ont cru pouvoir l'attribuer aux passions politiques. Eh quoi! n'y

(1) Discours de J. Ferry.

a-t-il point dans les âmes d'autres ressorts aussi puissants? Les principes politiques sont respectables sans doute : mais n'ont-ils pas infiniment moins de conséquences que les principes religieux? Ceux qui n'ont aucune conviction ne comprennent pas l'amour sacré de la vérité; ils ignorent les forces d'une foi dont ils n'ont pas l'intelligence, et ils ne peuvent nous croire capables de tant d'énergie dans des intérêts uniquement spirituels et chrétiens.

Mais de quelque manière qu'il leur plaise de qualifier les actes de l'épiscopat français, il n'en est pas moins évident qu'il était parfaitement dans son rôle en interdisant aux fidèles les manuels condamnés par l'Index : en même temps que le décret de la Congrégation romaine, en même temps que les sollicitudes de la charge pastorale, les circonstances particulières résultant de la neutralité promise dans l'école les pressaient d'intervenir (1).

(1) Le président du Conseil, après avoir fait aux évêques les reproches que nous avons rappelés, finit par reconnaître leurs droits, et prétend seulement qu'ils en ont abusé.

« Messieurs, dit-il, je ne voudrais laisser aucune incertitude sur ma pensée. Je ne suis pas juge, et je *n'ai en aucune façon le droit de me faire juge*, des sentiments et des résolutions des membres du clergé. Je trouve tout à fait légitime que des évêques ou des prêtres déclarent le livre de M. Compayré très mauvais ; je trouve très naturel qu'ils disent aux élèves, aux enfants qui viennent leur demander conseil, que ce ne sont pas de bons livres, qu'il faut prendre garde à ce qu'ils disent : oui, c'est leur droit... Mais les prêtres qui se sont lancés dans la campagne que vous savez se sont-ils tenus dans leur domaine?...

M. Chesnelong. — Cela ne tombe pas sous votre appréciation. Vous n'êtes pas le juge des consciences. » — *Officiel* du 1er juin.

Ainsi donc, par les décrets de l'Index et par les mandements épiscopaux, l'Eglise n'a fait qu'user de son droit, le droit de protéger sa foi contre l'erreur et de préserver ses enfants de la contagion de l'impiété. Ce droit lui vient de Dieu même : nulle théorie humaine ne peut l'affaiblir ; nulle oppression ne saurait l'entamer ; jamais la crainte ne sera capable de le frapper d'inertie.

« Le droit, le voilà ; et, laissez-moi vous le dire, l'Eglise l'a défendu contre de plus puissants que vous ; elle ne vous le livrera pas. Elle est calme, patiente, pleine de mansuétude ; elle pousse la condescendance jusqu'à son extrême limite ; mais si la vérité est captive, si son droit est opprimé, vous n'obtiendrez jamais d'elle le silence. Elle a parlé ; elle parlera. Sur la question des manuels, comme sur toutes les questions qui touchent à sa liberté et à la liberté des âmes dont elle est l'incorruptible gardienne, vous devez opter entre le retour au respect de son droit et la persécution. Vous pourrez opprimer l'Eglise ; elle ne se laissera jamais asservir (1). »

S'il est vrai que l'Eglise a le droit de défendre sa foi et de censurer les livres où ses croyances sont attaquées, il est incontestable aussi que les manuels d'éducation condamnés par l'Index et combattus par les évêques de France portent atteinte à la foi chrétienne.

C'est ce que nous allons constater maintenant en étudiant, à ce point de vue de l'orthodoxie, le manuel d'instruction civique de Paul Bert, le pre-

(1) Discours de M. Chesnelong, au Sénat.

mier manuel qui ait violé ouvertement la neutralité (il était composé avant même l'adoption définitive de la loi de mars 1882), et qui ait obligé les Catholiques indignés à se plaindre au Gouvernement.

Nous nous attacherons à y montrer ce qui est contraire à la religion ; et en même temps, ce sera le contre-poison, nous rappellerons en quelques mots la vérité outragée dans le manuel.

Nous suivrons la deuxième édition, parce que c'est celle qui a été condamnée par l'Index. Nous parlerons plus tard des éditions plus récentes, également condamnées, où l'auteur, malgré quelques corrections, ne laisse pas pourtant d'attaquer encore notre sainte religion.

V

LA MORALE INDÉPENDANTE

But de Paul Bert : détacher du Christianisme l'âme de l'enfant. — Insuffisance de la morale séparée de la Religion. — Autre danger de la morale indépendante.

Détruisez le Christianisme, et il vous faudra dans chaque village une police, des prisons et des bourreaux... On peut dire que le culte évangélique est le culte d'un peuple libre, par cela seul qu'il unit la morale à la religion.

CHATEAUBRIANT.

C'est assurément renverser les rôles que de faire de Paul Bert une pauvre victime des passions politiques. Il n'est point de ceux qui cherchent les longs détours pour aller en guerre contre l'*ennemi*.

Ce n'est pas à lui qu'il faut d'abord enlever le masque : il n'en a pas pris.

Voici, en effet, comment il déclare lui-même ses intentions, dans l'avant-propos de son manuel d'instruction civique :

« Nous devons d'*abord*, dans l'école, former des hommes et des femmes dont l'âme fortement trempée ne subordonne pas l'idée de la morale aux croyances religieuses, et qui puissent être moraux sans avoir été ou *après avoir cessé d'être croyants* (1). »

Le désir de Paul Bert, c'est d'apprendre à l'enfant à se passer de religion.

D'après ses paroles, en effet, dont le sens est aisé à comprendre, les croyances religieuses sont complètement inutiles à la morale ; par conséquent, à ce point de vue de la morale qui est d'une importance souveraine, il est indifférent d'avoir de la religion ou de n'en avoir pas.

En niant l'utilité de la religion, il nie la religion elle-même.

Et la conséquence pratique est facile à prévoir ; les enfants pourront la déduire eux-mêmes, et peut-être certains instituteurs aimeront-ils à y fixer leur attention pour justifier leur conduite :

On peut bien se passer de religion, puisque ceux qui n'en ont pas valent autant que ceux qui en ont.

Et comme il est beaucoup plus facile de se passer de religion que d'en avoir, pourquoi, s'ils sont croyants, ne cesseraient-ils pas de l'être, comme l'insinuent les derniers mots que nous avons cités ?

Ainsi donc, derrière la perfide neutralité, voilà que nous trouvons Paul Bert, avec « le dessein, le but, le plan prémédité *de détacher du Christianisme l'âme de l'enfant.* L'implacable franchise de quelques-uns de nos adversaires avait justifié d'avance nos appréhensions ; et je me rappelle encore cette séance où M. Schœlcher jetait sur le véritable caractère de la loi une si sombre clarté en s'écriant :

(1) Avant-propos, p. 5.

— Je suis athée, et voilà pourquoi je voterai la loi du 28 mars (1). »

L'instruction civique de Paul Bert, faite pour apprendre aux enfants à se passer de religion, est-elle un livre innocent, irréprochable, comme on a osé l'affirmer? Qui n'y découvre, au contraire, dès les premières lignes, ce poison mortel dont l'Église veut préserver les fidèles en leur défendant la lecture d'un tel ouvrage?

Paul Bert ayant fait connaître son intention d'enseigner une morale sans religion, on ne peut être surpris de l'entendre, encore à la première page de son livre, se plaindre « de ces banalités, de ces déclamations des écoles congréganistes sur la patrie céleste, près de laquelle la patrie terrestre n'est rien. »

Qu'a-t-il besoin de la patrie céleste? Pour lui, l'espérance chrétienne, qui nous fait entrevoir dans une vie meilleure les récompenses infinies promises à la vertu, est un élément étranger aux bonnes mœurs. Ce n'est pas au ciel qu'il a jeté son ancre.

Mais quelle sera-t-elle donc cette morale qui pourra se passer de la religion? Comment remplacer le catéchisme chassé de l'école? le catéchisme qui, jusqu'à ce jour, en faisant connaître à l'enfant son origine et ses destinées, en lui expliquant les commandements de Dieu et de l'Église, en lui apprenant les moyens de se sanctifier, formait un code complet de morale, dont toutes les nations civilisées ont constaté et proclamé l'excellence?

(1) Discours de M. Chesnelong, au Sénat, le 31 mai 1883.

— Notre morale, dit le ministre de l'instruction publique, sera spiritualiste (1).

Spiritualiste? dites-vous.

Oui, nous savons bien que vous avez mis Dieu dans le programme. « Il est là à titre provisoire, et pour n'y pas rester. Jules Simon voulait mettre les devoirs envers Dieu non-seulement dans le programme, mais dans la loi elle-même. On a tout mis en œuvre pour l'en écarter; et si on l'a laissé dans le programme, c'est, comme nous l'a dit sans détour un membre de la Commission, *qu'il sera plus aisé*.

(1) « Il serait absolument impossible d'imposer une semblable doctrine (la neutralité philosophique) à la conscience de cette *immense majorité de Français, dans le cœur desquels la croyance à la divinité et à l'immortalité de l'âme est si vivace*; il serait aussi absurde de vouloir violer ces consciences et de vouloir contraindre ainsi cette immense majorité d'instituteurs, l'immense majorité des membres de l'enseignement spiritualiste. Demander un enseignement moral à un corps enseignant qui est spiritualiste, et lui défendre de se montrer croyant et spiritualiste, ce serait commettre une étrange contradiction. »

Mais, ajouterons-nous, en retournant contre Ferry cette dernière phrase, demander un enseignement moral à un corps enseignant qui est religieux (et nous sommes persuadés que la plupart de ceux qui sont vraiment spiritualistes sont aussi religieux), et lui défendre de se montrer croyant et religieux, n'est-ce pas également commettre une contradiction?

Si l'enseignement religieux dans l'école blesse la liberté de conscience, est-ce que l'enseignement spiritualiste ne la blesse pas autant? Et si on impose le spiritualisme parce que l'immense majorité des Français est spiritualiste, pourquoi ne pas enseigner la religion, parce que l'immense majorité des Français est croyante? pourquoi surtout ne pas l'enseigner là où *tous les enfants* sont catholiques?

en choisissant un bon moment, de le faire sortir d'un programme que d'une loi. On a traité Dieu comme un fonctionnaire qu'on laisse en place jusqu'à ce qu'il ait accompli le temps nécessaire pour sa retraite.

» Le ministre a eu peur que le programme de son enseignement moral, s'il n'y faisait pas une place aux devoirs envers Dieu, ne fût tout de suite qualifié par l'indignation publique de programme d'athéisme.

» Eh bien ! ce que l'on aurait dit du programme, il faut le dire du manuel qui a fait cette omission... c'est un manuel athée (1). »

Dans le manuel de Paul Bert, il n'y a aucune trace de spiritualisme, et en cela ce manuel ressemble à ceux de Mme Gréville et de J. Steeg, également condamnés par l'Index, où il n'est question ni de Dieu ni de l'immortalité de l'âme, en dépit du programme.

— Notre morale, dit encore J. Ferry, ce sera la bonne vieille morale de nos pères.

Mais cette vieille morale de nos pères, c'est la morale chrétienne. Il plaît au ministre de l'appeler non pas « spiritualiste, ou déiste, mais tout simplement la morale du devoir et du sacrifice. » Il n'y a que la morale chrétienne qui ait reçu ce nom très juste de morale du sacrifice.

Du reste, ce qu'il y a de bon encore dans notre

(1) Discours de M. de Broglie. Des quatre manuels condamnés par l'Index, celui de Compayré est le seul qui parle de devoirs envers Dieu, conformément au programme : il recommande aux enfants « de *se représenter, par delà le devoir,* l'existence de l'Etre suprême, dont la volonté rend le devoir obligatoire pour tous. »

société vient du Christianisme. La société, qu'elle en ait conscience ou qu'elle l'ignore, est tout imprégnée de Christianisme. Que l'on célèbre les maximes des philosophes de l'antiquité; qu'on cherche la vertu par delà le berceau de la religion; qu'on dise avec Paul Bert :

« Ne fais pas à un autre ce que tu ne veux pas qu'il te soit fait. Ces paroles admirables viennent de Zoroastre *qui vivait 2,000 ans avant Jésus-Christ.* »

Il n'en est pas moins vrai que les lois véritables de la morale sont venues jusqu'à nous par le Christianisme, qui nous apprend non pas seulement les maximes éparses des philosophes, mais un code complet, renfermant les fondements, les lois et la sanction des mœurs.

Le Christianisme a modifié profondément la vie du genre humain; la charité est le moyen principal dont il s'est servi; il a mis au cœur de l'humanité des vertus jusqu'alors inconnues; il a donné au monde un ensemble de principes dont la sagesse païenne n'avait point le secret et qu'elle était impuissante à faire aimer. Cette sainteté, produite par notre religion, est une de ses gloires, une des preuves de sa divinité; car tout homme judicieux qui la considère, en se souvenant de la faiblesse humaine et des hontes du paganisme, laisse échapper de son cœur ce cri enthousiaste de Lamartine :

Oui, de quelque faux nom que l'avenir te nomme,
Nous te saluons Dieu, car tu n'es pas un homme...

Notre encens à ce point ne saurait s'égarer,
Et j'en crois des vertus qui se font adorer (1).

Ce n'est pas seulement manquer de logique, c'est encore mentir à l'histoire, que de dire la religion inutile à la morale.

La morale nouvelle, par laquelle on veut remplacer la vieille morale de nos pères, c'est-à-dire la morale chrétienne, sera nécessairement indépendante, aveugle, inefficace, inutile à la société.

Elle sera *indépendante.* Ses principes seront établis sur les opinions d'hommes qui se croiront sages : mais comme toutes les opinions sont libres, on pourra accepter ces principes ou ne pas les accepter, et alors la morale elle-même sera libre. Pour un grand nombre, l'idée même de morale est une opinion libre.

Elle sera *aveugle.* Nulle part l'esprit humain ne trouvera une lumière sûre pour l'éclairer : il aura le droit de se défier de tout enseignement, et les droits et les devoirs seront douteux pour lui.

Elle sera *inefficace.* Pour que l'homme puisse réprimer ses passions et sacrifier son égoïsme, il

(1) C'est cette même considération qui a inspiré le raisonnement suivant, par lequel Chateaubriant termine son *Génie du Christianisme :*

« Le Christianisme est parfait : les hommes sont imparfaits.

» Or, une conséquence parfaite ne peut sortir d'un principe imparfait.

» Le Christianisme n'est donc pas venu des hommes.

» S'il n'est pas venu des hommes, il ne peut être venu que de Dieu.

» S'il est venu de Dieu, les hommes n'ont pu le connaître que par révélation.

» Donc le Christianisme est une religion révélée. »

faut qu'il se rappelle sans cesse l'œil de Dieu qui voit le fond de sa conscience, le jugement divin auquel doit se présenter celui qui a terminé sa carrière ici-bas, les récompenses promises au juste, les châtiments réservés au pécheur. Quelle autorité humaine pourra nous convaincre suffisamment de ces vérités, ou les remplacera par d'autres aussi efficaces ?

Et quand même l'homme croirait fermement à toutes ces choses, il demeurerait encore avec sa faiblesse : comme le poète romain, il verrait, il approuverait ce qui est bien, mais ferait ce qui est mal. Oui, toute l'antiquité païenne est là pour le prouver, si nous voulons avoir les véritables vertus, les vertus intérieures, et non pas seulement ces vertus de parade qui ont grandi à nos yeux bien des personnages de l'histoire ancienne, nous avons besoin que le ciel nous aide... Et seule la religion nous apprend à demander par la prière ce secours nécessaire à notre nature déchue ; seule elle nous assure l'action de Dieu en nous ; seule elle nous fortifie elle-même par des moyens divinement institués dans ce but, par les sacrements.

Cette morale enfin sera *inutile à la société*, qu'elle sera incapable de protéger. Vous ne tenez aucun compte de cette *patrie céleste* dont vous vous moquez. Eh bien ! quand les affamés, quand les déshérités de la fortune se jetteront sur vous pour vous disputer ce qu'on appelle ici-bas le bonheur : s'ils crient alors, eux aussi : Il n'y a pas d'autre vie ; jouissons, c'est un besoin de l'homme ; prenons le plaisir où nous le trouverons, renversons ceux qui nous le dérobent : demain nous mourrons... dites-moi, que leur répondrez-vous ? Votre doctrine leur donne raison ; et il est bien des chrétiens aussi qui, s'ils ne comptaient pas sur la patrie céleste dont vous faites fi, ne seraient pas patients comme ils le sont, et voudraient avoir sur la terre leur part qu'ils ne verraient plus au ciel.

Il est donc impossible de séparer la morale de la religion : l'homme seul ne sait pas se conduire, et personne n'a autorité pour conduire les autres ; aucun philosophe, selon le mot d'un de nos écrivains célèbres, n'a pu, avec ses théories, convertir même la rue qu'il habitait.

Avant d'enseigner une morale indépendante de la religion, que l'on consulte les mères ; qu'on leur demande si elles veulent désormais enseigner à leurs enfants une morale étrangère aux croyances religieuses : elles répondront que leur puissance maternelle puise toutes ses ressources au sein des vérités religieuses, que sans la religion il leur est impossible de faire des enfants vertueux. Et si l'Eglise n'était immortelle, si elle pouvait tomber sous les coups de l'impiété, on entendrait les mères inquiètes s'écrier aujourd'hui : « L'autel a perdu ses honneurs, l'humanité s'en éloigne peu à peu ; mais, je vous prie, oh ! dites-le moi, si vous le savez, s'est-il élevé un autre autel ?... (1) »

Remarquons enfin un autre mal très funeste qui peut résulter immédiatement de l'enseignement de Paul Bert séparant la morale de la religion.

La morale qui doit être pratiquée par des chrétiens,

(1) MICHELET, introduction à l'*Histoire universelle*, p. 34.

c'est évidemment la morale chrétienne, la morale telle que Jésus-Christ la demande de ses disciples. Or, d'après le dogme catholique, deux éléments distincts constituent l'acte de vertu chrétienne. Il y a l'action elle-même, extérieure ou intérieure selon la vertu qui la produit; il y a aussi l'intention surnaturelle, accompagnée du principe divin de la grâce.

Pour que les bonnes œuvres soient chrétiennes, méritoires pour le ciel, il faut que le chrétien puise dans sa foi les motifs qui le font agir. Si son intention n'est pas surnaturelle, ses vertus ne sont que des vertus naturelles, que le monde estimera sans doute, et qui sont d'ailleurs vraiment estimables, mais qui n'appartiennent pas au monde supérieur, à cet ordre surnaturel dans lequel, en fait, sont fixées nos véritables destinées.

Et si l'on vient dire à des chrétiens : « Ayez l'âme assez bien trempée pour ne pas subordonner la morale à vos croyances religieuses; » si on leur dit de séparer la morale de la religion, il n'y a plus pour eux de morale chrétienne. En supposant qu'ils aient l'idée de la vertu, ils ne connaissent plus que les vertus naturelles, improductives au point de vue de leur salut : leurs actions ne peuvent être élevées à la hauteur de leurs destinées, puisqu'elles manquent du principe de la foi et de la grâce.

Ce danger de ne point pratiquer la vertu chrétienne, danger auquel exposent les théories de Paul Bert, ne préoccupe guère assurément l'auteur de l'instruction civique. Mais l'Eglise s'en émeut : chargée des intérêts des âmes, elle les défend contre tout ce qui tend à ruiner l'œuvre de Jésus-Christ.

Une des misères de notre époque, à tous égards, c'est justement cette atmosphère épaisse de naturalisme qui nous enveloppe de toutes parts : et n'est-ce pas le moment pour l'Eglise de faire entendre, à ceux qui ont confiance en elle, un *Sursum corda* qui relève leurs cœurs vers des régions plus hautes et plus pures ?

Nous avons cru devoir beaucoup insister sur les premières lignes du manuel, parce qu'elles nous apprennent dans quel esprit l'auteur l'a écrit. Nous avons constaté : 1° que son enseignement tend à détruire la religion dans le cœur de l'enfant, en lui apprenant à s'en passer, en lui disant que l'homme sans religion vaut l'homme religieux ; 2° qu'il apprend à l'enfant une morale qui, ne se rattachant pas à la foi, aux principes surnaturels, n'est pas chrétienne, n'est d'aucun mérite pour le ciel, d'après la doctrine catholique.

Ces maximes sont un poison pour l'âme chrétienne ; le livre qui les contient est mauvais, et l'autorité spirituelle a eu raison de l'interdire aux fidèles.

VI

LE MIRACLE

Suivant Paul Bert, la science détruit la croyance au miracle. — Le miracle et la science ne sont pas incompatibles. — La doctrine de Paul Bert est hérétique.

Vous cultivez déjà leur haine et leur fureur;
Vous ne leur prononcez mon nom qu'avec horreur.

RACINE.

« Il vaudrait *presque* autant pour vous et pour la patrie vous casser bras et jambes, que de vous empêcher de rien apprendre, » dit P. Bert à ses élèves (p. 120), à propos de la liberté.

(On trouvera ce *presque* bien indulgent, si l'on se rappelle que la main qui l'a tracé est habituée à manier le scalpel et à déchiqueter de malheureux animaux.)

P. Bert, dans cette phrase, veut dire qu'il est très important d'acquérir la science; il se sert d'une comparaison énergique afin de faire comprendre aux enfants que le Gouvernement a eu grandement raison de rendre l'instruction obligatoire.

La science est d'une grande utilité, cela est certain ; elle est plus honorable aussi que bien des choses qui sont plus honorées parmi les hommes. Il ne faut pas que les incrédules cherchent à nous convaincre de cette vérité; c'est inutile. Nous l'affirmons aussi bien qu'eux, et nous pensons que la science est, après la vertu, le bien le plus estimable.

L'Eglise n'a jamais pensé autrement. A l'époque des invasions des Barbares, et dans les siècles qui ont suivi, c'est elle, ce sont ses ordres religieux et les membres de son clergé qui ont conservé, au prix de travaux considérables, les productions antiques de l'esprit humain. A toutes les époques de l'histoire, on a vu les hommes les plus distingués par leur science lui rendre hommage et se glorifier de lui appartenir. Elle désire, elle encourage le progrès des connaissances humaines.

Pourquoi donc ses ennemis mettent-ils de l'aigreur à prononcer devant elle le nom de science? Pourquoi en parlent-ils avec un ton de menace et de victoire?

C'est que la science est aujourd'hui l'arme dont on se sert de préférence pour attaquer l'Eglise. On veut répandre l'instruction parce qu'on se figure ruiner par ce moyen son autorité forte de dix-neuf siècles d'influence; on veut se servir de la science moins pour élever l'humanité que pour abaisser l'Eglise, à qui l'humanité doit son progrès véritable. L'instruction primaire elle-même semble à l'impiété un moyen de battre en brèche les croyances religieuses; et Renan a écrit ces paroles dans une histoire de Marc-Aurèle, publiée récemment :

« Si Marc-Aurèle, au lieu d'employer les lions et la chaise rougie, eût employé *l'école primaire et un enseignement d'Etat rationaliste,* il eût bien mieux prévenu la séduction du monde par le surnaturel chrétien. »

P. Bert, lui aussi, aime à se servir de la science, même de celle que donne l'instruction primaire, comme d'une arme contre le Christianisme. Il espère que par la science tous les hommes arriveront enfin à cette conviction que *le miracle est impossible*.

Voici ses propres paroles :

« Les sciences imprègnent profondément dans l'esprit l'idée de loi, destructive de l'idée de miracle. Il se fait là comme une sorte d'*instinct intellectuel* qui met en garde contre la théorie des panacées et la pratique des changements à vue... Quant l'enfant ne croira plus aux miracles, il n'attendra plus rien du coup d'Etat. Les deux idées sont corrélatives; *venues à la suite d'un enseignement antiscientifique, elles disparaîtront ensemble devant un enseignement scientifique.* » (Avant-propos, p. 8.)

Ainsi, la science est une arme terrible contre l'Eglise ; elle fait évanouir l'idée de miracle; et si l'on ne croit plus au miracle, comment croire au dogme catholique?

Que la science et la croyance au miracle soient incompatibles, P. Bert essaie de le prouver en raisonnant ainsi :

Dans l'étude des sciences d'observation et d'expérimentation, on apprend, de source certaine, que tout effet a une cause antécédente, et que toute loi est fixe. Or, le miracle est un effet sans cause, une perturbation dans l'ordre fixe des lois de la nature. Donc il est impossible. (P. 8.)

Cette argumentation, qui n'est pas nouvelle, est défectueuse; et bien que « les sciences naturelles donnent l'habitude de voir juste, » d'après l'auteur de l'instruction civique, sa logique est ici en défaut.

Le miracle n'est pas un effet sans cause. La cause du miracle, c'est la volonté de Dieu. Cette volonté est infiniment sage. En établissant les lois de la nature, Dieu a établi aussi, dans le monde moral, des lois d'un ordre supérieur. Le monde physique est subordonné au monde spirituel ; pour l'exécution de ses desseins dans le monde des intelligences, Dieu peut suspendre les lois de la nature ; il s'est réservé ce droit de toute éternité, et a tout disposé en conséquence dans la création.

La fixité des lois de la nature n'est pas non plus un obstacle au miracle, car une exception ne détruit pas une loi. L'homme lui-même, en maintes circonstances, ne vient-il pas troubler la marche ordinaire des lois naturelles? Si, par exemple, au moyen de machines, nous faisons monter l'eau sur des hauteurs, est-il moins certain, pour cela, que l'eau a pour loi fixe de descendre dans les vallées, et de se diriger vers la mer? Pour bien raisonner, il faut tenir compte en même temps de toutes les lois ensemble, que la sagesse de Dieu a su combiner. Deux lois naturelles peuvent se modifier en agissant concurremment; la volonté libre de l'homme peut contrarier la nature et en changer les phénomènes ; Dieu aussi peut intervenir, directement ou par des agents intermédiaires. Si donc les forces de la nature sont parfois modifiées, il n'en faut pas conclure que ses lois ne sont pas fixes; on doit seulement reconnaître qu'une force étrangère, qui a aussi ses lois, agissant en même temps, a changé l'effet ordinaire.

S'il est vrai que Paul Bert « n'est satisfait que par les preuves expérimentales; » si, par preuves expérimentales, il n'entend pas seulement les preuves d'expérimentation, mais encore les preuves de la simple expérience, ces preuves ne manquent pas au miracle. Il y a eu des miracles; donc le miracle est possible.

Rien n'est plus sage que de conclure qu'une chose est possible, lorsqu'on sait que cette chose est arrivée; et le moyen le plus sûr, le plus infaillible de savoir qu'un phénomène peut se produire, c'est de rechercher, d'après toutes les règles de la critique historique, si ce phénomène s'est déjà produit.

Ce n'est pas ainsi que procèdent les incrédules. Au lieu de dire: Il y a eu des miracles, donc le miracle est possible; ils disent: Le miracle n'est pas possible, donc il n'y en a pas eu. On a beau les inviter à étudier les faits, à en rechercher l'exactitude ou la fausseté, ils ne s'en préoccupent nullement, et se contentent de refuser à Dieu le pouvoir d'intervenir dans la nature d'une manière extraordinaire. Ils paraissent très convaincus de la justesse de ce procédé; l'un d'eux n'a pas craint de dire qu'il ne croirait pas aux miracles, quand bien même il en verrait. « Partout, dit Fechner, un savant d'Allemagne, on regarde les choses qui sont montrées du doigt, pour s'assurer qu'elles existent; ici, on coupe le doigt qui montre, afin de ne pas être obligé de regarder, et l'on dit que l'on n'a rien vu. »

Si le miracle était véritablement antiscientifique, en contradition avec la science, tous les savants, sans exception, le rejetteraient. Mais il n'en est pas ainsi. Les savants les plus célèbres y ont cru, et seuls les ennemis de la Religion, aveuglés par la haine, se servent contre ce dogme du prestige de la science, dont ils étendent à leur gré les conclusions jusque dans un ordre d'idées qui la dépasse. Leur faible opposition n'empêche pas Dieu de faire des miracles, quand il le juge à propos, pour le bien de son Eglise.

Cette question est une de celles que le simple bon sens résout plus sûrement que toutes les subtilités de la dialectique. C'est ce qui a fait dire à Jean-Jacques Rousseau, dont l'autorité ne saurait être suspecte en ces matières, car il n'a certainement pas voulu défendre la cause catholique :

« Dieu peut-il faire des miracles? c'est-à-dire peut-il déroger aux lois qu'il a établies? — Cette question, sérieusement traitée, serait impie si elle n'était absurde ; ce serait faire trop d'honneur à celui qui la résoudrait négativement, que de le punir ; il suffirait de l'enfermer. » *(3e Lettre de la Montagne.)*

Nous ne nous arrêterons pas plus longtemps à combattre la doctrine fausse, absurde, de P. Bert. Le but que nous nous sommes proposé est moins de réfuter ses erreurs que de les montrer du doigt, pour faire comprendre à tous que le manuel d'instruction civique est en opposition avec la doctrine catholique, qu'il viole la neutralité de l'école.

P. Bert déclare le miracle impossible ; il nous annonce que la croyance au miracle disparaîtra devant un enseignement scientifique. « *C'est pour cette raison,* ajoute-t-il, que je fais paraître en même temps que le présent livre *(l'Instruction civique),* et comme lui destiné aux enfants, un cours élémentaire de sciences physiques et naturelles. Je crois travailler de la sorte par deux moyens, en apparence bien différents, à une œuvre commune : la préparation du citoyen. »

Or, l'Eglise ordonne de croire non-seulement que le miracle est possible, mais encore qu'il a plu à Dieu d'en faire. Depuis la création du monde, le plus étonnant de tous les miracles, et qu'il faut pourtant bien admettre à moins de dire que le monde s'est fait tout seul, jusqu'aux prophéties annonçant Jésus-Christ, et qui se sont manifestement vérifiées, l'Ancien Testament nous en rapporte un grand nombre. L'Evangile et les autres livres du Nouveau Testament nous racontent ceux de Jésus-Christ et des apôtres ; car Dieu a voulu se servir surtout de ce moyen pour établir l'Eglise catholique, pour mettre sur son front le cachet authentique et visible de sa divine origine.

Aussi le S. Concile du Vatican, visant une erreur que l'impiété cherche à répandre, a fulminé cet anathème :

« Si quelqu'un dit que le miracle est impossible, et que, par conséquent, tous les récits qui en sont faits, même dans la Sainte Ecriture, doivent être mis au nombre des fables ou des mythes, qu'il soit anathème ! »

Anathème P. Bert, qui professe une doctrine condamnée par l'Eglise, une doctrine hérétique ! Catholiques, ne lisez pas le livre de l'anathème...

VII

LA CAUSE DES RÉVOLUTIONS

Si la croyance au miracle prépare les esprits au coup d'Etat. — Les faits. — Relations entre le miracle et le coup d'Etat.

> *Nos gouvernements modernes doivent incontestablement au Christianisme leur plus solide autorité et leurs révolutions moins fréquentes.*
>
> Jean-Jacques ROUSSEAU.

Non-seulement, d'après l'auteur de l'*Instruction civique*, la croyance au miracle est absurde, anti-scientifique, mais elle est encore dangereuse à la société; la religion, qui croit au miracle, compromet l'ordre social et le repos public.

« Lorsque l'enfant aura appris, dans l'étude des sciences d'observation et d'expérimentation, le culte de la loi; lorsqu'il saura, de source certaine, que tout effet a une cause antécédente, n'ayez plus peur que ce caprice (le miracle) chassé de la nature, cet enfant, devenu homme et citoyen, l'admette dans la société. Non; *quand il ne croira plus aux miracles, il n'attendra plus rien du coup d'Etat, venant du pouvoir ou venant de la rue.* Et, en effet, qu'est-ce que le miracle, sinon un coup d'Etat dans la nature? Qu'est-ce qu'un coup d'Etat, sinon un miracle dans la société? *Les deux idées sont corrélatives*. Venues à la suite d'un enseignement antiscientifique, elles disparaitront ensemble devant un enseignement scientifique. » (Avant-propos, p. 9.)

Pour bien comprendre la gravité de l'accusation dirigée ici contre la religion, qui croit au miracle malgré P. Bert et autres, il importe de savoir que le coup d'Etat est appelé par le manuel un crime abominable (p. 80), un crime de haute trahison (p. 85). Préparer les esprits au coup d'Etat, c'est horrible, puisque c'est les préparer à un grand crime contre la société.

J'explique le raisonnement de l'auteur, dont les idées manquent de précision : il est vrai qu'ici la comparaison cloche considérablement.

Dans la nature, tout s'accomplit d'après des règles immuables; rien n'est abandonné au *caprice*. Ainsi le progrès de la société doit se faire d'après les lois, par *évolution*, par un développement continu, tranquille, infaillible de l'activité humaine; mais il ne faut pas le chercher dans une *révolution*, c'est-à-dire dans ces secousses, dans ces renversements qui troublent les lois sociales. « Les sciences imprègnent l'esprit de l'idée d'*évolution* destructive de l'idée de *révolution*. » (P. 8.)

Celui qui admet les perturbations dans l'ordre naturel est tout disposé à admettre les perturbations dans l'ordre social; celui qui laisse le caprice violer les lois naturelles, abandonne aussi au caprice les lois sociales elles-mêmes; celui qui croit au miracle a foi dans la révolution, dans le coup d'Etat. Le miracle est un coup d'Etat dans la nature, le coup d'Etat un miracle dans la société : les deux idées sont corrélatives.

Mais qui donc croit au miracle? La religion catholique. Si elle admet le miracle, évidemment elle admet le coup d'Etat; elle n'a pas l'idée d'évolution, donc elle a l'idée de révolution : donc elle admet le crime abominable, le crime de haute trahison qui s'appelle coup d'Etat.

La science fera disparaitre ce danger: quand l'enfant, quand le citoyen ne croira plus aux miracles, il n'attendra plus rien du coup d'Etat, venant du pouvoir ou venant de la rue. Les deux idées, de miracle et de révolution, sont corrélatives: venues à la suite d'un enseignement antiscientifique, elles disparaitront ensemble devant un enseignement scientifique.

Telle est la pensée de P. Bert : il nous semble que nous l'avons bien comprise.

Est-ce à lui d'établir une distinction pareille entre l'évolution et la révolution? Est-ce à lui de vouloir, au moyen de la science, remplacer l'idée criminelle de révolution par celle d'évolution? A ses yeux, l'évolution seule est le progrès, la révolution est un crime : c'est ce qui ressort clairement de son langage. Et à la fin de son manuel, nous rencontrerons un long chapitre consacré à l'éloge de la Révolution; nous l'entendrons dire de cette Révolution: Que son nom soit béni! (P. 162) Quelle inconséquence!

Si la contradiction est dans les termes et dans l'idée, elle n'est pas dans l'intention. En ce passage que nous étudions présentement, comme plus tard au chapitre de la Révolution dont nous aurons à nous occuper, l'intention de l'auteur est d'accuser la Religion, c'est de provoquer contre elle la défiance et la haine. Mais qui se laissera tromper par une calomnie si grossière? Qui croira, sur l'affirmation d'un sectaire, que la doctrine catholique prépare les esprits aux révolutions, aux coups d'Etat?

Quand, le 17 juin 1789, les députés du tiers état se constituaient en Assemblée nationale; quand le peuple se précipitait, le 14 juillet, sur la Bastille, où il devait remporter une facile victoire et commettre des assassinats; quand la Convention, le 21 septembre 1792, déclarait la royauté à jamais abolie; qui donc osera dire qu'ils étaient soutenus dans leur rébellion et excités à ces coups d'Etat par un instinct religieux, par la foi aux miracles?

La religion n'inspire pas la rébellion, elle la condamne. Jésus-Christ a dit de rendre à César ce qui appartient à César; saint Paul recommande au chrétien de se soumettre au pouvoir; le Syllabus a condamné les propositions suivantes: « L'autorité n'est pas autre chose que le nombre et la somme des forces matérielles; — il est permis de refuser la soumission aux princes légitimes et même de se révolter contre eux. »

Si l'Eglise a remporté une grande victoire sur le monde païen, ce n'est pas dans la révolte, c'est dans la patience qu'elle a triomphé. Mais ces victoires que chantera P. Bert au chapitre VII de son manuel avec un enthousiasme scandaleux, c'est dans la rébellion qu'elles ont été conquises. La fin du XVIIIe siècle pouvait être glorieuse à la France. Si des changements étaient devenus nécessaires dans la société, ils pouvaient être établis avec sagesse et dans la paix. Louis XVI l'avait compris et avait signé de sa main bien des réformes. Mais les passions accélérèrent le mouvement de la société, dépassèrent de beaucoup les limites du véritable progrès, et se dégagèrent enfin de ces lois saintes que l'humanité doit toujours observer dans sa marche. Aussi ce n'est pas le nom d'évolution, cher à P. Bert, qui convient à cette triste époque; l'histoire lui a donné et lui gardera le nom de *Révolution*, synonyme de révolte et de rébellion, et ce nom reste écrit avec des lettres de sang.

Personne ne peut soutenir sérieusement que la croyance aux miracles ait disposé les esprits à avoir foi dans les coups d'Etat de la Révolution. Il serait pareillement ridicule de chercher dans la même cause l'inspiration des coups d'Etat du 10 novembre 1799 (19 brumaire), et du 2 décembre 1851, de ce grand crime qui fait frissonner d'épouvante l'auteur de l'*Instruction civique,* quand il ne sait qu'applaudir à ceux qui ont amené la première République française.

Ce ne peut être, en effet, que dans l'esprit de P. Bert (et encore des réserves lui sont nécessaires), que ces deux idées de miracle et de coup d'Etat se lient si intimement l'une à l'autre.

Qu'ont de commun en effet ces deux phénomènes? Ce n'est pas d'être un fait extraordinaire: le coup d'Etat n'est pas chose si rare; quant au miracle, d'après notre docteur, il n'y en a pas eu.

Ce n'est pas non plus d'être un fait impossible, absurde. Si Dieu ne peut faire de miracle dans la nature, les hommes, toujours d'après P. Bert, savent en faire dans la société.

Mais en quoi donc le coup d'Etat et le miracle se ressemblent-ils ? En ce que l'un et l'autre sont une *violation de la loi,* celui-ci de la loi naturelle, celui-là de la loi sociale; l'un est un crime contre la nature, l'autre un crime contre la société : les deux idées ne sont corrélatives qu'à ce point de vue.

Or, dites-moi, est-il bien nécessaire de croire au miracle pour commettre un crime contre la société ? Le coup d'Etat n'est pas le seul crime, il s'en faut, qui offense la société. Tromper les âmes, calomnier, éloigner les cœurs d'une religion qui est la meilleure garantie de la vertu, détourner les yeux de l'humanité de ses destinées éternelles incomparablement plus importantes que le bien-être matériel de ce monde, voilà un grand crime contre la société : et on peut le commettre sans croire au miracle. Vous aurez beau enseigner aux jeunes Français l'immobilité des lois naturelles, ils croiront toujours que les lois morales peuvent être violées, que l'ordre social peut être troublé, parce que l'homme demeure libre, et par conséquent changeant et mobile. Le coup d'Etat lui-même, qui résulte du choc des passions humaines, sera toujours possible; et quand il se produira, nul ne sera tenté de crier au miracle.

Pour nous, chrétiens, nous voyons pourtant entre le miracle et le coup d'Etat une relation que n'a pu y voir P. Bert. De même que Dieu, qui a créé le monde matériel, le gouverne, et s'est réservé le droit d'intervenir d'une manière spéciale dans son mouvement, quand il plairait à sa sagesse infinie ; ainsi sa Providence a souci de l'ordre social, dont il a gravé les lois fondamentales dans le cœur humain; il gouverne les sociétés aussi bien que la nature, et il a le droit d'y porter, comme dit Bossuet, de ces coups dont les contre-coups portent si loin. Il peut faire des miracles dans la société comme dans la nature, et l'histoire, en bien des circonstances, ne s'explique que par l'action divine.

En quelque état que se trouve la société, qu'elle soit en paix ou en guerre, que l'ordre y règne ou que le désordre la déchire, que les lois y soient respectées ou profanées, elle est toujours entre les mains de Dieu. Et cependant la Religion, loin d'inspirer la violation des lois légitimes, exige de tous le respect du droit et des principes sociaux, et veut qu'en s'aidant soi-même on compte toujours sur cette Providence qui domine les passions humaines, et qui peut changer les jours mauvais en jours de paix et de prospérité.

C'est donc uniquement par une tactique haineuse que P. Bert représente la croyance au miracle, la Religion chrétienne par conséquent, comme préparant les esprits au coup d'Etat, qui, pour lui, n'est pas autre chose que la violation des lois (p. 80).

Après avoir dit que la croyance au miracle est absurde, le miracle n'étant pas possible, il affirme qu'elle est dangereuse, à cause de l'idée de coup d'Etat liée étroitement à l'idée de miracle. Mais il fait espérer que devant l'enseignement scientifique les deux fléaux disparaitront en même temps : « N'ayez plus peur (quelle confiance !) que ce caprice chassé de la nature, l'enfant, — devenu homme et citoyen, — l'admette dans la société. Non, quand il ne croira plus aux miracles, il n'attendra plus rien du coup d'Etat, venant du pouvoir ou venant de la rue. » (P. 9.)

C'est une injure odieuse à l'adresse de la Religion ; c'est une calomnie faite dans le but de représenter son influence comme pernicieuse, et de la détruire non plus à l'aide des lions et des ours, selon les paroles de Renan que nous avons citées plus haut, mais au moyen de l'enseignement scientifique dans l'école primaire. Ces mensonges sont un poison pour les âmes chrétiennes : nous ne voulons pas du livre empoisonné.

VIII

L'OBÉISSANCE AVEUGLE

Il n'est pas permis d'agir contre la conscience. — Deux sortes de lois mauvaises. — On ne peut obéir à une loi contraire à la loi de Dieu.

Rendez à César ce qui est à César, et à Dieu ce qui est à Dieu.

ÉVANGILE.

L'homme, quelque indépendant qu'on le proclame de nos jours, doit obéir à la loi; il doit soumettre sa volonté à une volonté supérieure.

Il y a deux sortes de lois : la loi divine, qui a Dieu pour auteur; la loi humaine, faite par les hommes.

La société dans laquelle nous vivons nous instruit de ces lois humaines qui l'affermissent en liant les hommes entre eux.

Quant aux lois divines, Dieu nous en a fait connaître plusieurs par sa propre parole ; mais la plupart sont écrites au fond même de notre âme ; notre conscience, comme un instinct intellectuel, nous les rappelle sans cesse et nous défend de leur désobéir.

Les lois divines sont supérieures aux lois humaines. S'il arrivait qu'il y eût contradiction, incompatibilité entre ces deux sortes de lois, nous devrions donner la préférence aux lois divines. C'est pour cela qu'il a été dit : Il vaut mieux obéir à Dieu qu'aux hommes.

Ces principes sont faciles à comprendre, et personne ne peut raisonnablement les révoquer en doute.

P. Bert pourtant les a oubliés. Parlant de l'obéissance que tout citoyen doit à la loi, il résume ainsi sa pensée (p. 85) :

« Il faut obéir aux lois, même quand on les trouve mauvaises. »

Qu'est-ce à dire? P. Bert ne parle ici que des lois humaines : celles-là seules, du reste, peuvent être mauvaises. Or, s'il arrive que le législateur humain commande ce que ma conscience réprouve, ce qui est en contradiction avec les lois divines gravées dans mon cœur par la main de Dieu, il faut, dit le nouveau moraliste de l'école, que même alors j'obéisse aux lois humaines : il vaut donc mieux, dans son sentiment, obéir aux hommes qu'à Dieu.

Un pareil principe de morale, donné d'une façon si catégorique et si absolue, sans aucune distinction, est absurde, et contraire à la morale elle-même.

« Vous la trouverez mauvaise (la loi), vous, mais les Chambres l'ont trouvée bonne, et sans doute aussi la majorité des électeurs. *Il faut lui obéir tout de même.* »

Mais je la crois mauvaise, mais je vois qu'elle est opposée aux lois de Dieu, mais ma conscience se révolte et me crie que je ne puis obéir... « Il faut lui obéir tout de même. »

Lorsqu'il s'agit de déterminer pratiquement si l'on peut faire telle action, si l'on est obligé d'obéir à telle loi, nous pouvons parfois hésiter sur nos droits et nos devoirs. Mais il est un juge qui, pour chacun de nous, prononce en dernier ressort de la moralité de nos actions. Ce juge, c'est notre conscience. Nous sommes obligés, quoi qu'il décide, de nous conformer à sa sentence, car c'est par lui, et par lui seul, que la loi peut nous atteindre. Notre conscience, fût-elle dans l'erreur, nous devrions toujours la suivre, parce que nous la croyons dans la vérité quand elle s'est sagement prononcée, et que jamais il n'est permis d'agir contre elle.

Si donc la conscience nous avertit qu'une loi est mauvaise, nous ne pouvons *lui obéir quand même.* La loi qu'elle croit mauvaise n'est que l'expression de la volonté des hommes qui peuvent se tromper; au contraire, cette loi opposée, dont la conscience nous avertit, est pour nous l'expression de la volonté de Dieu; il vaut mieux obéir à Dieu qu'aux hommes.

Telle est la doctrine catholique, que nous trouvons dans le catéchisme. A cette question : Faut-il obéir à ses parents quand ils commandent quelque chose contre la loi de Dieu? le catéchisme répond : Non, mais il faut s'en excuser avec respect.

Ce qui est vrai vis-à-vis des parents, l'est pour la même raison vis-à-vis de la loi civile. Il n'est pas permis d'obéir à une loi quand on la croit mauvaise. Le principe de P. Bert est contraire à la morale chrétienne.

Pour ne rien laisser de vague dans une question si grave, et en même temps pour apprécier à sa juste valeur le principe que nous étudions en ce moment, il importe de distinguer ici deux sortes de lois réputées mauvaises.

Une loi peut être mauvaise d'une manière relative; elle peut être mauvaise d'une manière absolue, en elle-même. Elle est mauvaise d'une manière relative quand elle n'est pas raisonnable ni juste, mais sans entrainer la violation d'une loi supérieure; elle est mauvaise en elle-même, absolument, lorsqu'elle est incompatible avec les lois de morale que nous dicte la conscience.

Des exemples feront mieux comprendre cette distinction.

On lit dans l'*Instruction civique* que la loi sur les impôts indirects ou invisibles n'est pas juste (p. 46). Je me trouve donc en présence d'une loi qui est défectueuse, mauvaise même d'une certaine façon, supposé qu'en ce point je sois de l'avis de P. Bert. Mais, en obéissant à cette loi, je ne violerai aucune loi supérieure; je céderai de mes droits peut-être, je n'offenserai les droits de personne; ma conscience ne me défend pas d'obéir. Au contraire, elle me porte à m'y conformer à cause des grands avantages qui résultent de la soumission de tous les citoyens à une même règle. En obéissant alors à une loi que je n'approuve pas, je fais même une bonne action.

Si P. Bert eut limité sa règle de morale à des cas analogues à celui-là, il eût été dans le vrai. Mais il ne fait aucune distinction; son principe est général, et comprend, par conséquent, les lois que l'on croit mauvaises absolument, les lois qui entrainent la violation d'une loi supérieure à la loi humaine, car c'est par là qu'elles sont vraiment mauvaises.

Voici maintenant un exemple bien différent de celui qui précède :

Pendant les premiers siècles du Christianisme, à l'époque des persécutions, les édits des empereurs proscrivirent la religion chrétienne, et condamnèrent à mort les chrétiens qui ne renonçaient pas à leur foi. Cette loi était mauvaise en elle-même ; elle était opposée à la loi divine ; les chrétiens ne pouvaient lui obéir sans agir contre leur conscience.

On les entendait se glorifier d'être les meilleurs sujets de l'empire, d'être soumis aux empereurs mieux que les autres citoyens ; mais ils refusaient d'obéir à une loi impie et idolâtre, d'offrir l'encens aux idoles; ils aimaient mieux mourir dans les tourments. Tel était, en effet, leur devoir.

On avait voulu aussi empêcher les apôtres de prêcher l'Evangile ; on leur avait défendu de parler de Jésus-Christ. Qu'avaient-ils répondu? « Nous ne pouvons pas ne pas parler ; » et, fidèles à la mission divine, ils avaient partout annoncé la bonne nouvelle jusqu'au jour du martyre, aimant mieux obéir à Dieu qu'aux hommes.

Tout chrétien, tout homme raisonnable doit suivre cette ligne de conduite.

Quand la loi humaine est en contradiction avec des lois d'un ordre supérieur, quand on la croit mauvaise, il n'est pas permis d'obéir : les liens de la conscience restent toujours les liens les plus sacrés ; si la loi pouvait les détruire, c'en serait fait de la morale ; une morale de convention remplacerait bientôt la morale de principes.

P. Bert prévoit bien que si l'on obéit à une loi que l'on croit mauvaise, la conscience réclamera. Quel moyen reste-t-il de satisfaire en même temps la conscience et la loi mauvaise?

Oh! cela est bien simple. On obéit d'abord pour patienter, puis on fait changer la loi.

« Si la loi est mauvaise, il n'y a qu'à le démontrer aux autres, puis il faut patienter, et attendre les élections nouvelles. Alors chaque citoyen prend son petit bout de papier blanc, inscrit un nom dessus, et le met dans la boite en bois; on change ainsi la Chambre, qui change la loi tout tranquillement. *Et cela vaut bien mieux que les révolutions*, qui coûtent du sang et de l'argent. » (P. 78.)

Deux absurdités : obéir d'abord, ensuite faire changer la loi.

Obéir d'abord. Cela n'est pas permis. Que ce soit avec une résignation parfaite ou simplement en attendant un meilleur état de choses, il n'est jamais permis de faire ce que l'on croit mauvais ; si la chose commandée est absolument mauvaise, la réflexion faite sur l'utilité de l'obéissance ne la rendra pas bonne. Jamais il ne sera permis de mentir, de voler, de blasphémer, d'assassiner, de ne pas tenir compte d'une loi positive de Dieu...

Ensuite faire changer la loi. « Si la loi est mauvaise, il n'y a qu'à le démontrer aux autres ! » Rien de plus facile apparemment. La vérité est si chère à tous, les passions ont si peu de force contre elle, qu'il suffit de dire aux autres : Vous avez tort, pour que sur-le-champ la vérité soit reconnue !...

« Mais enfin, ajoute le manuel, il faut toujours penser qu'il y a bien des gens qui n'y voient pas si loin que cela (le moyen si facile de changer la loi) ou qui se moquent de *leur devoir*, et qui refusent d'obéir aux lois. Il a bien fallu prendre ses précautions. »

S'il faut en arriver à ce degré de soumission aveugle, s'il faut obéir à une loi mauvaise, nous sommes réduits au plus triste esclavage. Puisque la loi est contraire à la voix de notre conscience, ce n'est plus à une force raisonnable, aux attraits du bien moral que nous obéissons ; c'est la force brutale qui nous entraîne, qui s'impose à nous contre nous. Abdiquons donc la liberté.

La liberté n'est pas le droit de faire tout ce qui nous plait ; c'est le droit de poursuivre notre destinée par des moyens convenables. Or, c'est en restant fidèles à notre conscience que nous remplissons nos devoirs et que nous arrivons à notre destinée : s'il nous faut faire ce que la conscience réprouve, nous ne sommes plus libres, et de la liberté on ne nous donne plus que le nom.

Mais pourquoi donc, dira quelque indulgent ami de P. Bert, en voulez-vous de la sorte à ce principe du maître : *Il faut obéir aux lois, même quand on les croit mauvaises ?* Je conviens qu'il n'est pas permis d'obéir aux lois contraires à des lois supérieures : mais de pareilles lois sont-elles à craindre ? C'est faire injure à notre pays que de le supposer capable de donner des lois mauvaises en elles-mêmes. Si le principe est faux, du moins il n'est pas dangereux...

Un faux principe de morale est toujours dangereux. Mais suivons la pensée de l'auteur du manuel. D'après lui, l'obéissance aveugle n'est pas toujours bonne : cela dépend du Gouvernement que l'on a. Avec la République, elle est très recommandée ; avec la Monarchie, elle serait funeste...

IX

LE RESPECT DE LA LOI

Une exception importante au principe de P. Bert concernant l'obéissance à la loi. — La République peut elle-même faire de mauvaises lois. — Ce n'est pas être factieux que de ne pas obéir alors.

Tout ce qu'on retranche dans l'État à la souveraineté de Dieu, on l'ajoute à la souveraineté du bourreau.

Louis Blanc.

A propos de ce principe du manuel : « Il faut obéir aux lois, même quand on les trouve mauvaises, » nous avons établi une distinction absolument nécessaire entre les lois qui sont mauvaises en elles-mêmes, et les lois qui ne sont pas mauvaises de leur nature, mais seulement d'une manière relative.

P. Bert n'a pas distingué ainsi ; il a parlé de toutes les lois qu'on croit mauvaises ; mais il ajoute que c'est en temps de République seulement qu'on est forcé de leur obéir.

S'il ne fait aucune différence entre les lois vraiment mauvaises et les lois simplement défectueuses, il en fait une considérable, on le voit, entre les lois d'une Monarchie et les lois d'une République.

Dans une Monarchie, si on croit qu'une loi est mauvaise, on n'est pas obligé d'obéir; dans une République, peu importe que la loi soit trouvée mauvaise, il faut obéir quand même.

Citons : la chose en vaut la peine. Si la morale de P. Bert est indépendante de la religion, comme il s'en vante, on peut voir qu'elle n'est pas indépendante de la politique.

« Il fut un temps, en France, dit le manuel (p. 77), où c'était le roi qui faisait la loi, *à sa fantaisie ou suivant ses intérêts* (ô conscience de l'historien!). On disait même : « Si veut le Roy, si veut la loy. » Ce n'était pas une fameuse raison, *car la plupart des rois n'avaient guère de sagesse ni de science*. En ces temps-là, *on pouvait raisonnablement refuser d'obéir* à une loi sortie de la cervelle d'un seul homme. On était même excusable souvent de faire des émeutes et des révolutions quand il n'y avait pas d'autre moyen de forcer le roi à être raisonnable.

» Mais, aujourd'hui, c'est tout le monde qui commande, c'est la nation *tout entière* qui parle par le suffrage universel (1). Contre qui se révolterait-on?

(1) Paul Bert dit à propos du suffrage universel :

« Si les citoyens ne savaient pas ce qu'ils font, la souveraineté du peuple ne serait qu'une tromperie. » (P. 66.)

Et Taine, *l'Ancien régime*, préface :

« Des goûts personnels ne me semblent pas des autorités. Soumettre au peuple français les plans de sa future habitation, c'est trop visiblement parade ou duperie : en pareil cas, la question fait toujours la réponse; et, d'ailleurs, cette réponse eût-elle été libre, la France n'était guère plus en état que moi de la donner : *dix millions d'ignorances ne font pas un savoir*. »

contre la France? Ce serait une trahison! Si la loi est mauvaise, il n'y a qu'à le démontrer aux autres..., etc. »

Il est donc bien entendu que la morale change avec les Gouvernements. Si un roi gouverne, on peut raisonnablement refuser d'obéir à une loi mauvaise; si nous sommes en République, il faut obéir, quand même la loi est mauvaise. Quelle est la meilleure de ces deux situations? Franchement, s'il en est ainsi, la liberté et l'honneur sont plus à l'aise avec les rois.

Et les émeutes, les révolutions? Elles sont permises quand il s'agit de se débarrasser de la Monarchie. *On était même excusable souvent de faire des émeutes et des révolutions quand il n'y avait pas d'autre moyen de forcer le roi à être raisonnable.* Mais si les révolutions sont faites contre la République, c'est bien différent. Il est bon alors de se rappeler « qu'elles coûtent du sang et de l'argent; » et même si quelqu'un, *pour faire changer la loi,* veut changer le Gouvernement, « il faut que chaque citoyen prenne son fusil, que tout le monde se soulève, et qu'on arrête le misérable pour le faire juger. » (P. 80.) Aujourd'hui, le peuple est instruit et a l'habitude de voter. On aurait bientôt fait de se soulever contre le criminel et de lui mettre la main au collet. (P. 82.)

Que pense le lecteur de cette manière de comprendre le respect de la loi?

Nous sommes en présence de deux morales, l'une pour les temps de Monarchie, l'autre pour les temps de République: l'une est très large et sauve la liberté ; l'autre est sévère et exige une obéissance aveugle.

Quelle est donc la cause d'une telle différence ? Comment se fait-il qu'on puisse désobéir à la loi sous les rois, et qu'il ne soit jamais permis de désobéir sous la République ? P. Bert nous le dit sans embarras.

« Les rois faisaient la loi à leur fantaisie ou suivant leurs intérêts ; la plupart d'entr'eux n'avaient guère de sagesse ni de science. Mais, aujourd'hui, c'est tout le monde qui commande, c'est la Nation tout entière qui parle par le suffrage universel. Contre qui se révolterait-on ? contre la France. »

Ce qui distingue, d'après les paroles que nous venons de citer, les lois d'une Monarchie et les lois d'une République, c'est évidemment que les premières sont *mauvaises*, comme étant faites par une personne capricieuse, ignorante, tandis que les secondes sont *bonnes*, parce qu'elles ont leur principe dans le suffrage universel.

Mais qu'est-ce que cela fait que la loi soit bonne ou mauvaise, puisqu'il faut obéir aux lois, *même quand on les croit mauvaises ?*

Il est impossible de trouver la logique dans ces raisonnements de P. Bert, à moins de traduire ainsi clairement sa véritable pensée : Quand la France était gouvernée par un monarque, on pouvait ne pas obéir à la loi, on pouvait faire des révolutions pour renverser le roi. Mais maintenant que nous avons la République, il n'est pas permis de désobéir, cela la compromettrait ; et qu'on se garde bien surtout de faire une révolution pour la renverser : car la Monarchie est un gouvernement détestable, et la

République est le seul bon gouvernement. Il faut être avant tout un bon républicain : c'est la grande règle de la morale.

Encore une fois, pour remplacer la morale religieuse, on nous donne la morale politique. Quelle est la meilleure?

Mais ce n'est pas tout. Est-il vrai qu'en République la loi soit nécessairement bonne, et que celui qui la trouve mauvaise soit seul à se tromper?

« Et qui est-ce qui décidera si elle est mauvaise? dit P. Bert. Vous la trouvez mauvaise, vous, mais les Chambres l'ont trouvée bonne, et sans doute aussi la majorité des électeurs est de leur avis. » (P. 77.) Et ailleurs, après avoir dit que Napoléon Ier faisait la guerre pour le plaisir de la faire, il ajoute: « Avec la République, *il ne peut plus arriver rien de semblable.* » (P. 21.) Est-il donc vrai que la République soit quasi infaillible, que la raison soit toujours avec les élus du suffrage universel?

Nous n'avons point à rechercher ici quel système de Gouvernement, Monarchie ou République, est le moins exposé à se tromper; nous ne faisons aucune comparaison; nous étudions l'*Instruction civique* en dehors de toute pensée politique, mettant seulement ses principes en regard de la doctrine catholique.

Oui, la République *elle-même* peut faire des lois mauvaises. P. Bert croit apparemment la chose possible, puisqu'il dit à ses jeunes citoyens qu'il faut obéir même aux lois qu'on trouve mauvaises; et il avoue (p. 25) que si les rois sont ambitieux et vains, les *peuples eux-mêmes ne sont pas toujours raisonnables.* Faut-il s'en étonner? Non, sans doute.

Errare humanum est. La sagesse humaine est toujours courte par quelque endroit. Il peut donc se faire que la République, en France, fasse des lois mauvaises.

Hélas ! il ne s'agit pas d'une simple possibilité ; la chose n'est que trop réellement arrivée : la République française a soumis les citoyens à de mauvaises lois, auxquelles, en conscience, on devait ne pas obéir.

Et d'abord la première République.

Nous ne parlerons ni de la spoliation du clergé, ni de la suppression des ordres religieux, ni de la substitution du repos du dixième jour au repos divinement institué du dimanche, quoique ces choses regardent directement la Religion. Il nous suffira de rappeler la Constitution civile du clergé.

Personne n'ignore que la première République française obligea les prêtres, sans exception, à prêter serment à cette trop célèbre Constitution : ceux qui n'obéissaient pas étaient proscrits ; ou s'ils réussissaient à demeurer en France pour procurer aux fidèles, en se cachant, les secours de la religion, ils étaient poursuivis comme des malfaiteurs, et, jugés ou non, exécutés.

Par ce fait même, tous les Catholiques étaient forcés de reconnaître un clergé schismatique.

Or, il s'agit bien ici d'une loi mauvaise en elle-même. La Constitution civile était contraire à la véritable Constitution de l'Eglise ; elle détachait l'Eglise de France de son centre, le Souverain Pontife, rompait l'unité essentielle de l'Eglise catholique, troublait l'ordre établi par Jésus-Christ.

Les Catholiques pouvaient-ils reconnaître un état

de choses opposé aux lois divines? Non, leur conscience leur rappela qu'il vaut mieux obéir à Dieu qu'aux hommes : les prêtres refusèrent de se soumettre ; ils restèrent en général fidèles à leur devoir ; un grand nombre furent martyrs, et l'on entendit Mirabeau s'écrier : « Nous avons leur argent, mais ils ont conservé leur honneur. »

Ils n'eussent pas conservé leur honneur s'ils avaient admis le principe, alors aisé à suivre, de P. Bert : Il faut obéir aux lois, même quand on les trouve mauvaises (1).

Et la République actuelle n'a-t-elle pas aussi opprimé les consciences catholiques? Nous serions entraîné trop loin si nous discutions à ce point de vue l'expulsion illégale des Religieux, l'enseignement chrétien chassé de l'école et ne faisant plus partie de l'éducation, etc. Nous ferons seulement remarquer, et cela ne manque pas d'intérêt dans la question présente, que l'*Instruction civique* de P. Bert, ou d'autres manuels pareillement condamnés par l'Index, a été imposée aux enfants en bon nombre d'écoles.

Mais l'Eglise défend la lecture de ces manuels. Si les Catholiques les acceptaient, ils violeraient d'abord une loi positive de l'Eglise en un point où l'Eglise

(1) On ne songera pas sans doute à nous objecter que la Constitution civile du clergé avait été faite du vivant de Louis XVI et signée par lui. Qu'importe? C'est la République *qui la fit exécuter*. Du reste, elle fut faite d'après le procédé républicain, par l'Assemblée constituante, selon le suffrage universel ; le roi n'avait plus qu'une autorité fictive quand on la lui fit signer en le trompant, et surtout quand elle fut expressément condamnée par le Souverain Pontife ; on sait aussi que, dans son profond regret, il s'excusa auprès du pape de cette faiblesse.

est seule compétente ; ils violeraient de plus cette loi naturelle qui oblige chacun à protéger, dans son esprit et dans son cœur, la bonne doctrine et la bonne morale, et par conséquent à repousser les livres dangereux.

Ces exemples suffiront pour faire comprendre que, même avec la République, on peut craindre des lois mauvaises auxquelles la conscience ne pourrait se soumettre. Par conséquent, le principe que nous signalons en ce moment : Il faut obéir aux lois, même quand on les trouve mauvaises, est faux, dangereux, inadmissible, avec tous les Gouvernements.

« Et de quel droit, s'écrie P. Bert, refusez-vous d'obéir? Ce serait une trahison. » (P. 77.) « Quiconque se révolte contre la loi, se révolte contre la France : c'est un traître et un factieux. » (P. 85.)

De quel droit? du droit véritable de la liberté de conscience que vous aimez tant à préconiser. Je suis homme et catholique : avant tout, je veux obéir à ma conscience, et je ne reconnais à personne le droit de lui faire violence en m'imposant ce qu'elle réprouve.

Mais si vous vous révoltez contre la loi, vous êtes un traître et un factieux!...

Lorsque l'homme, fier de sa liberté, reconnaît qu'elle ne peut aller jusqu'à faire le mal, loin de l'abdiquer, il l'honore. Ainsi, quand on refuse d'obéir à la loi, parce qu'on la croit mauvaise, ce n'est pas du mépris, c'est du respect qu'on lui témoigne. Nous prouvons alors que nous obéissons à la loi, non pour un avantage relatif et passager, mais par amour pour le bien idéal, absolu, qui seul entraîne alors notre volonté.

On n'est point factieux pour obéir à sa conscience. Malheur à l'Etat qui verrait des ennemis dans ceux qui ne veulent suivre que les inspirations d'une conscience prudente et sage! De leur part on ne doit rien avoir à craindre. Et nous, qui n'envisageons en ce moment que ces consciences droites et éclairées, nous ne sommes ni traître ni factieux, pour maintenir contre P. Bert qu'on n'est pas obligé d'obéir aux lois, quand on les croit vraiment mauvaises en elles-mêmes, opposées à des lois supérieures dont la conscience nous avertit.

Il résulte de tout ce que nous venons de dire, relativement à l'obéissance due à la loi, que l'Eglise, en condamnant l'*Instruction civique* de P. Bert, a défendu les vrais principes de la morale, et qu'elle a protégé une fois de plus la conscience humaine contre l'arbitraire, la morale chrétienne contre cette morale de circonstance qui, pour ne plus dépendre de la Religion, est loin de rester toujours indépendante.

X

LE MARIAGE CIVIL

Doctrine catholique relativement au mariage. — Le mariage d'après les Manuels. — L'Eglise protège la sainteté du mariage.

On ne saurait trop admirer la sagesse de Celui qui a marqué le mariage du sceau de la Religion.
CHATEAUBRIAND.

Pour les chrétiens, il n'est point d'autre mariage que le mariage religieux.

Jésus-Christ a institué un sacrement pour sanctifier l'alliance de l'homme et de la femme, alliance qui leur donne à remplir une mission sublime dans l'ordre naturel quant au corps de l'enfant, dans l'ordre surnaturel quant à son âme, et qui est le symbole de l'union de Jésus-Christ avec son Eglise.

Il convenait que le divin Fondateur de l'Eglise, établissant pour les fidèles d'une manière définitive l'unité et l'indissolubilité du mariage, mît à leur disposition des grâces spéciales pour les aider à accomplir ces obligations auxquelles, jusque-là, les peuples ne s'étaient point crus soumis.

Par cette institution divine, le mariage devient pour les fidèles un acte essentiellement religieux. Le sacrement n'est pas une cérémonie ajoutée au mariage; ce serait une grave erreur de le croire; le sacrement, c'est le mariage lui-même élevé par Dieu à cette dignité.

Il n'y a donc pas de mariage entre chrétiens sans qu'en même temps il y ait sacrement.

Voici comment le Souverain Pontife Pie IX expose en ce point la doctrine orthodoxe :

« Aucun Catholique ne peut ignorer que le mariage est véritablement et proprement un des sept sacrements de la loi évangélique, institués par Notre-Seigneur Jésus-Christ ; en conséquence, toute union de l'homme et de la femme, entre chrétiens, faite même avec l'autorité de n'importe quelle loi civile, n'est pas autre chose qu'un honteux et pernicieux concubinage, formellement condamné par l'Eglise ; aussi le *sacrement ne peut jamais être séparé du contrat conjugal,* et c'est à l'Eglise qu'il appartient de régler tout ce qui regarde en quelque façon le mariage (1). »

Le Syllabus, parmi les propositions condamnées, cite la suivante : *Le sacrement de mariage est distinct du contrat et peut en être séparé.*

Il résulte de cette doctrine que le contrat par lequel les deux époux se donnent l'un à l'autre échappe complètement à l'autorité civile, laquelle n'a point le droit d'établir des empêchements qui annulent le mariage. Une même cause, en effet, ne saurait être en même temps et proprement de la compétence de deux tribunaux différents.

« L'Eglise, dit le pape Pie VI, à qui a été confié tout ce qui regarde les sacrements, a *seule* tout droit et tout pouvoir d'assigner la forme au contrat de

(1) Allocution du 27 septembre 1852.

mariage, élevé à la dignité plus sublime de sacrement, et, par conséquent, de juger de la validité ou de l'invalidité des mariages. »

Ainsi avait parlé le Concile de Trente ; ainsi juge le Syllabus.

L'Eglise peut exercer son droit de différentes manières, selon les temps, les lieux et les circonstances ; mais elle ne peut varier dans l'affirmation de ce droit lui-même, qui est d'institution divine.

Si un contrat civil précède le sacrement, son seul effet est de déterminer, devant la loi, les conditions dans lesquelles se trouveront désormais, l'un vis-à-vis de l'autre, les deux fiancés, par rapport à leurs intérêts temporels. Le contrat de mariage proprement dit, par lequel ils se donnent l'un à l'autre, se fait à l'Eglise, devant le prêtre de la paroisse, dont la présence est nécessaire à la validité du contrat sacré. Ce n'est pas devant le maire, c'est devant le prêtre qu'on se marie.

Or, P. Bert dit exactement le contraire dans son manuel. Parlant des fonctions du maire (p. 92), il dit : « C'est devant lui qu'on se marie. »

Il eût été bien extraordinaire, avouons-le, que cet auteur eût tenu compte de la doctrine catholique relativement au mariage. Quant on regarde la religion comme une vieille superstition et qu'on la croit tout à fait inutile à la morale, comment s'oublier au point de mentionner ses droits et son autorité dans une question de cette nature?

Du moins était-il convenable d'ajouter un mot au texte, et de dire : C'est devant lui qu'on se marie *civilement ;* et le lecteur eût pu sous-entendre : En attendant le mariage religieux, qui seul est un vrai mariage.

Mais non, pour P. Bert, *c'est devant le maire que l'on se marie;* il n'y a pas d'autre mariage que celui-là; le mariage religieux ne compte pas; on est marié quand on sort de la mairie, et peu importe qu'on aille à l'Eglise où qu'on n'y aille pas. C'est ce que déclare Compayré d'une manière plus explicite dans son manuel également condamné par l'Index :

« Quand le maire, dit-il, les a déclarés unis au nom de la société et de la loi, les deux conjoints *sont bel et bien mariés* (1). Si la cérémonie religieuse suit la cérémonie civile, ce n'est pas pour ajouter plus de force à un acte qui est définitif, qui se suffit à lui-même, c'est parce que les époux, pour satis-

(1) « Si M. Compayré s'était borné à dire que, dans l'état actuel de notre législation, le mariage civil précède le mariage religieux, et que, même lorsqu'il n'est pas accompagné du mariage religieux, il produit tous ses effets civils, il aurait constaté purement et simplement un fait légal. Mais ses paroles ont une tout autre portée...

» Il ne dit pas seulement quel est l'état de la législation par rapport à la question du mariage civil doctrinalement considéré en regard du mariage religieux; il déclare que le mariage civil se suffit à lui-même, et que le mariage religieux n'y ajoute aucune force. Il n'y voit qu'une superfétation sans doute respectable, mais absolument facultative...

» Selon la doctrine catholique, le mariage religieux est un sacrement nécessaire à la validité de l'union conjugale : c'est notre foi. Et je dis que lorsque cette thèse est formulée dans un manuel à l'usage des écoles, et qu'elle s'y produit avec l'autorité d'un enseignement, cet enseignement est anti-catholique, et le manuel viole la neutralité religieuse de l'école. C'est évident, messieurs, et vos exclamations ne peuvent rien changer à la nature des choses. » — Discours de M. Chesnelong, au Sénat.

faire leurs sentiments religieux, veulent prendre Dieu à témoin d'un engagement que la société civile a déjà consacré (1). »

C'est absolument la négation de la doctrine catholique, et l'affirmation expresse de la proposition suivante condamnée par le Syllabus :

« Par suite d'un contrat purement civil, il peut y avoir entre chrétiens un mariage proprement dit. »

Cet enseignement des manuels, par rapport au mariage, a particulièrement été signalé par les évêques, lorsqu'ils ont élevé la voix pour faire connaître aux fidèles leurs devoirs, en conséquence des condamnations portées par l'Index (2).

Non-seulement les chrétiens sont obligés individuellement d'observer en ce point l'ordre établi par Dieu, mais encore la manière d'envisager et de traiter le mariage a l'influence la plus considérable sur les familles et sur les sociétés. Qu'on n'espère pas que l'Eglise manque de vigueur dans cette importante question. Après avoir combattu avec vaillance

(1) *Eléments d'éducation civique et morale*, par Gabriel Compayré. (P. 147.) Sur le manuel de Compayré, voir l'ouvrage très intéressant du P. Joseph Burnichon, S. J. : *Les manuels d'instruction civique et morale.*

(2) « *A force de recherches*, dit le ministre de l'instruction publique, nous avons fini par découvrir le délit. L'évêque de Nîmes a bien voulu nous le signaler par une lettre dont on vous a donné lecture.

» Il y a, sur le mariage civil, un passage dans lequel on déclare qu'une fois marié devant le maire, on est bel et bien marié.

» Je me demande ce qu'il y a là-dedans d'incorrect... Et c'est pour cela qu'on a agité le pays, troublé les consciences, etc... » — Discours de J. Ferry, au Sénat.

pendant tout le moyen âge, contre les princes surtout, pour faire respecter la loi chrétienne et protéger la sainteté du mariage, elle ne faiblira pas de nos jours dans la guerre qui lui est déclarée. On la calomnie, on la persécute, on condamne ses évêques et ses prêtres : que peut contre elle cette persécution nouvelle? Dix-neuf siècles l'ont aguerrie, et ce sont les droits de Dieu qu'elle défend.

C'est grâce à l'influence du dogme religieux que l'unité et l'indissolubilité du mariage sont encore maintenues dans notre société. Un instant, les passions humaines ont prévalu ; mais les mœurs chrétiennes, profondément enracinées sur notre sol français, n'ont pu consentir à une législation imposée. Et s'il arrive de nos jours que la loi du divorce soit votée par les Chambres, la France catholique ne l'acceptera pas.

Le mariage religieux est dans les traditions de tous les siècles; même chez les païens, la religion présidait à la formation de la famille; l'homme doit à sa dignité de se distinguer de ces êtres sans raison qui reçoivent la vie, la donnent, la perdent, en obéissant à des instincts aveugles, sans pouvoir s'élever par la pensée au-dessus de leur néant.

L'impiété ou la corruption, l'une et l'autre peut-être, cherchent à acclimater parmi nous les mariages civils. L'impiété, car si on trouve que Dieu est de trop partout ailleurs, comment ne pas le chasser du mariage? La corruption, parce que les passions humaines, dans cette situation, trouvent trop lourd le joug de l'Évangile.

Dieu nous préserve de ce fléau ! Les parents et les enfants seraient maudits de Dieu, et notre société coupable trouverait son châtiment dans sa dépravation. « Si l'exception devenait la règle, dit un orateur contemporain (1), successeur de Fénélon, si l'abus des mariages purement civils, encore rare et honteux de lui-même, venait à prévaloir et à se généraliser, on verrait bientôt, non plus seulement la Religion, mais la société, mais la civilisation elle-même, reculer, d'horreur et d'effroi devant les flots de corruption sortis de cette source impure, comme devant une nouvelle inondation de Barbares. »

(1) Le cardinal Giraud.

XI

LA LIBERTÉ DE CONSCIENCE

Le langage du Manuel, relativement à la liberté de conscience, doublement dangereux. — Il provoque l'abus de la liberté. — Quel mal il peut faire ainsi aux enfants.

Le nom de liberté est le plus agréable et le plus doux, mais tout ensemble le plus décevant et le plus trompeur de tous ceux qui ont quelque usage dans la vie humaine.

BOSSUET.

« Liberté ! voilà un beau mot ; mais il faut bien savoir ce qu'il veut dire. Pour ne l'avoir pas su, il n'est sorte de sottises et de crimes qu'on n'ait commis, même en France. » (P. 113.)

Cette réflexion de P. Bert est parfaitement exacte. On a étrangement abusé, et l'on peut abuser encore du beau mot de liberté, « le plus décevant et le plus trompeur de tous ».

C'est la plainte de madame Roland, montant sur l'échafaud : « O liberté, que de crimes l'on commet en ton nom ! »

Voilà donc P. Bert qui se rencontre avec les esprits du XVIIe et du XVIIIe siècles sur les dangers du mot de liberté. Cela ne l'empêche pas de venir faire retentir ce mot aux oreilles de ses écoliers, de leur proclamer les grandes libertés dont la Révolution les a enrichis, de leur répéter sur tous les tons qu'ils sont libres.

Quand il est si facile d'abuser du mot et de la chose, ce sont précisément les enfants qui doivent confondre le plus vite la vraie et la fausse liberté.

Si donc on leur parle de liberté, il importe qu'ils comprennent nettement le vrai sens du mot, et qu'ils soient en garde contre les abus possibles.

Mais il se trouve que les leçons de P. Bert, dans l'*Instruction civique,* ont le résultat contraire ; car elles exposent les jeunes citoyens à abuser de leur liberté, et elles leur donnent une fausse notion de la liberté.

La liberté individuelle, la liberté du travail, la liberté d'association, la liberté de réunion, la liberté de la presse, l'inviolabilité de la propriété, du domicile et de la personne, n'entrent pas directement dans notre sujet. Nous n'envisageons que la liberté dont le principe est ainsi formulé par le manuel : « Tout Français jouit de la *liberté de conscience.* »

Nous verrons qu'en ce point l'*Instruction civique* a doublement mérité la condamnation de l'Index : 1° elle provoque l'abus de la liberté de conscience, et, par conséquent, *elle est dangereuse pour la morale ;* 2° elle donne au droit de liberté de conscience un sens condamné par l'Eglise, et pour cette raison, *elle est contraire à la bonne doctrine.*

Voyons d'abord comment l'*Instruction civique* provoque l'abus de la liberté de conscience.

Paul Bert explique de la manière suivante la liberté de conscience dont jouissent ses écoliers :

« En respectant les lois, vous serez *entièrement libres.* Vous pourrez aller ou ne pas aller à l'église, changer de religion si vous le voulez, ou même n'en avoir aucune, travailler ou non le dimanche. »

Quelle impression sera produite par ces paroles sur l'esprit de l'enfant? Quelle idée se fera-t-il de la religion, en entendant dire qu'il peut, s'il le veut, l'abandonner, ou ne plus obéir à ses lois.

Elle cessera de lui apparaître comme une de ces choses sacrées, éternellement vénérables, auxquelles on s'attache pour toujours avec toutes les fibres de l'âme : elle ne sera plus pour lui qu'une opinion, un ensemble d'hypothèses, un accessoire dont on peut se passer.

Dès lors il ne la respectera plus; car le respect est une chose qui s'impose, et l'on n'en peut avoir pour ce qui dépend du goût, de l'opinion, de la libre volonté de chacun.

Cette leçon qu'il aura reçue à l'école sur la liberté de conscience, il ne saurait l'oublier : il se souviendra qu'il est libre, sans se demander ni la valeur ni l'étendue de cette liberté.

S'il se sent gêné par les obligations que lui impose la religion, c'est alors surtout qu'il se rappellera son droit, qu'il aimera à se dire : Je puis me débarrasser de ce joug.

En vain une mère chrétienne lui rappellera ses devoirs religieux; il fera d'abord des réponses évasives; puis enfin, importuné par les remontrances, il déclarera qu'il veut jouir de sa liberté.

— Aller à la messe? faire mes pâques?... ne suis-je pas libre de faire ce que je veux? cela ne vous regarde pas; c'est mon affaire. J'entends désormais que vous me laissiez tranquille et que vous ne m'en parliez plus...

Voilà où le conduira cette liberté qu'on lui représente comme un bien infiniment précieux. Vous *pourrez* n'avoir aucune religion, lui a-t-on dit ; et, en effet, il trouve plus commode de n'en avoir aucune ; il n'en veut plus.

« Vous pourrez si vous le voulez ; » s'agit-il ici d'un droit véritable de la conscience ? s'agit-il simplement d'un droit civil, purement physique ? qu'importe ? ce n'est pas l'enfant qui fera la distinction. Il peut, s'il le veut, se passer de religion ; il est sous ce rapport entièrement libre : voilà ce qu'il sait.

On se demande du reste si, en rappelant à l'enfant sa liberté, P. Bert n'a pas eu justement l'intention de le détacher de ses croyances et de ses pratiques religieuses. Préoccupé de former les nouvelles souches dans l'esprit de la Révolution et de les dégager des vieux préjugés, lui, ennemi déclaré de la religion, il a dû calculer l'impression que pourrait produire sur ses jeunes lecteurs cette déclaration hardie : Vous êtes absolument libres de n'avoir aucune religion.

Aussi, voyez comme il s'explique pour faire entendre que c'est chose toute simple et toute naturelle que de renoncer à la religion ou de n'en pas tenir compte dans la pratique. Loin de prendre les précautions que demande un sujet si délicat, il met sur le même rang la liberté de conscience, exprimée dans les termes que l'on sait, et d'autres libertés qui sont loin d'avoir le même intérêt. « Vous pourrez vendre ou affermer vos propriétés, ou en affermer ou en acheter à votre gré... vous pourrez changer de religion si vous le voulez ; » c'est la même liberté : il dépend de la volonté d'en user.

En parlant de la sorte, P. Bert n'ignore pas quel est le prestige de la liberté, combien l'enfant lui-même s'éprend vite pour ce qu'il en rencontre sur sa route, avec quelle force la nature nous porte à considérer toutes choses selon l'intérêt de nos passions. Il apprend à ses disciples un mot, une formule qui les encouragera à l'irréligion ; c'est avec l'affirmation vaine, mais bruyante, d'une fausse liberté, qu'ils chercheront, aux jours de la défaillance, à étouffer la voix d'une conscience encore chrétienne.

Est-elle donc si peu de chose, cette foi religieuse dont on est libre de se défaire à volonté, comme on est libre de vendre ou d'acheter des propriétés ? Y a-t-il si peu d'intérêt à savoir ce que l'homme vient faire sur la terre, quelles sont ses destinées, quels moyens il a à sa disposition pour atteindre sa fin, quels devoirs en conséquence s'imposent à lui ? Il n'est pas moins important, ce semble, de posséder la solution de ces grands problèmes, que de connaître les dangers du coup d'Etat en temps de République, les fonctions du maire, le rôle des ministres, les abus de l'ancien régime, et les bienfaits de la Révolution.

L'enfant a trouvé dans sa religion les réponses les plus sûres aux grandes questions dont l'humanité se préoccupe, même malgré elle ; qui ont été si poignantes pour tant d'esprits d'élite ; que le dernier des hommes se pose à lui-même une fois au moins dans sa vie : et cette religion, on la lui représente comme un caprice individuel que l'on peut suivre ou ne pas suivre suivant sa fantaisie.

Elle n'est que trop facile à perdre, la foi infiniment précieuse du chrétien. Sa lumière est sereine et pure, l'esprit s'y repose en paix au sein de la vérité. Mais il ne faut pas oublier que c'est surtout par le cœur que nous recevons, que nous gardons ou perdons la vérité religieuse. Elle n'est pas, comme les vérités mathématiques, absolument étrangère à la morale, qui s'imposent à l'intelligence sans trouver dans le cœur aucun obstacle. Elle suppose cet amour droit, loyal, désintéressé de la vérité, *caritatem veritatis,* qui ne va pas sans l'amour du bien. A mesure que le cœur se détourne de la vertu, les nuages qui s'élèvent des bas-fonds de notre être obscurcissent le ciel de l'âme, et troublent la pureté de son regard.

C'est ce trésor, à la fois précieux et fragile, qu'on essaie d'arracher à l'enfant en lui disant brutalement : « Vous pourrez, si vous le voulez, aller ou ne pas aller à l'église, changer de religion ou même n'en avoir aucune. »

Que pensent de cette invitation hypocrite, de ce conseil déguisé sous une formule de liberté, les pères et les mères de famille préoccupés avant tout de donner à leurs enfants une éducation chrétienne ? C'est ainsi qu'on respecte leurs croyances ; c'est ainsi qu'on traite les choses les plus sérieuses, qu'on se joue de ce qui intéresse le plus l'humanité, et qu'on ferme à l'enfant les horizons du ciel.

Ah ! l'Eglise est loin de tenir un pareil langage. Connaissant le prix des principes chrétiens et les dangers auxquels ils sont exposés, elle ne parle aux hommes de leur liberté à cet égard que pour les avertir d'en craindre et d'en éviter l'abus. C'est une de ses grandes inquiétudes de voir bien des Catholiques qui exposent leur foi à tout vent de doctrines ; qui, poussés par une curiosité malsaine, lisent toutes sortes de livres où elle est outragée : de là vient qu'elle leur défend la lecture des ouvrages qu'elle croit dangereux.

Que serait devenue la Religion du Christ, à travers les âges, à travers le mouvement des opinions humaines, si l'Eglise, et Dieu avec l'Eglise, ne la protégeait avec cette fermeté immuable que donne la possession de la vérité ?

Non, nous ne sommes pas libres de n'avoir pas de religion : nous rendrons compte à Dieu de notre foi. Si P. Bert, apôtre de l'incrédulité, avertit ses disciples qu'ils sont sous ce rapport entièrement libres, l'Eglise, au contraire, lorsqu'elle reçoit un nouveau chrétien dans son sein, exige qu'il s'engage pour toujours ; elle ne l'accepte que lorsqu'il a promis de rester fidèle et de ne jamais trahir sa religion.

XII

LA LIBERTÉ DE CONSCIENCE.

(SUITE)

Deux manières d'entendre la liberté de conscience. — Le Manuel lui donne un sens condamné par l'Eglise.

Liberté ! liberté ! En toutes choses justice, et ce sera assez de liberté.

JOUBERT.

Le manuel est dangereux lorsqu'il vante aux enfants une liberté dont ils peuvent facilement abuser, et qu'il leur donne ainsi comme un mauvais conseil. De plus, il est opposé à la doctrine catholique, en donnant au droit de la liberté de conscience un sens condamné par l'Eglise ; il renferme, en ce point encore, une erreur doctrinale ; nouveau motif de le proscrire.

Il y a deux manières bien différentes d'entendre la liberté morale de la conscience.

Nous disons la liberté morale, c'est-à-dire le droit légitime d'une conscience qui reste dans le devoir ; car il ne s'agit pas ici de la liberté physique, du pouvoir laissé à la volonté de se déterminer librement, sans être violentée par aucune force extérieure ou intérieure.

On peut appeler liberté de conscience le droit de

choisir entre différentes manières de régler les mœurs.

On peut appeler liberté de conscience le droit de toute conscience à n'être pas gênée dans l'accomplissement du devoir.

Dans le premier sens, la conscience n'a pas de liberté ; elle n'a pas le droit de choisir entre différentes manières de régler les mœurs, quand elle est en présence des principes de la morale. Et comme c'est ce premier sens qui se présente tout d'abord à l'esprit quand on parle de liberté de conscience, les hommes judicieux pensent que ces deux mots *liberté* et *conscience* n'auraient jamais dû être rapprochés de cette manière.

Il est aisé de comprendre pourquoi la conscience n'est pas libre de choisir les règles de la morale auxquelles elle veut se soumettre.

Qu'est-ce, en effet, que la conscience?

La conscience, c'est la raison elle-même, discernant le bien et le mal, et aidée dans ce discernement par un sentiment délicat de plaisir qui nous porte vers le bien, de peine qui nous éloigne du mal.

Or, la raison a-t-elle le droit d'approuver ou de désapprouver indifféremment les principes de morale? lui est-il permis d'appeler bien ce qui est mal, mal ce qui est bien ? Non, évidemment. D'elle-même, elle va au vrai et au bien.

Si parfois le sentiment, les passions, l'intérêt, influent sur son jugement et la trompent, l'homme n'a pas su garder l'indépendance de sa volonté, et a manqué à son devoir.

La conscience n'est donc pas libre en face des

principes de la morale ; elle est obligée de préférer ce qui est bien à ce qui est mal.

Mais c'est un devoir pour l'homme d'avoir de la religion ; la conscience n'est donc pas libre de n'en avoir aucune.

C'est également un devoir pour l'homme d'avoir la véritable religion. Il y a plusieurs religions : comme elles se contredisent, elles ne peuvent pas être toutes vraies à la fois. Une seule est véritable ; Dieu doit à sa providence de nous donner les moyens de la distinguer ; c'est celle-là, et non pas une autre, que nous sommes obligés d'embrasser, si nous ne l'avons pas, ou de garder, si nous la possédons. Donc, la conscience n'est pas libre de suivre telle ou telle religion ; elle doit suivre la bonne (1).

(1) Ces vérités incontestables ne sont pas du goût de M. le Président du Conseil. Il a signalé à l'indignation du Sénat un livre qui les énonce.

« Que dites-vous de ce petit passage d'un manuel qui est en grande vogue dans les écoles congréganistes :

» Vous savez, dit l'auteur à ses élèves, qu'on appelle aussi la liberté religieuse, liberté de conscience... Qu'est-ce que le bon sens nous dit de ce prétendu droit ?... Si je vous dis que 2 et 2 font 4, que la ligne droite est le plus court chemin d'un point à un autre... ce sont là quelques-unes des vérités dont l'ensemble constitue la vérité mathématique... Avez-vous jamais entendu parler d'une liberté mathématique, d'une liberté géographique, d'une liberté astronomique ? Ce serait absurde, n'est-ce pas ? Pourquoi ? *Parce qu'il n'y a pas de liberté devant la vérité.* » — Discours de M. J. Ferry, au Sénat.

L'auteur cité par M. J. Ferry est Arthur Loth. Son manuel, le *Livre du jeune Français,* mérite la vogue dont se plaint le ministre.

« Dieu existe, y lit-on à la suite du passage présenté au

Aussi le Souverain Pontife Pie IX a condamné l'indifférentisme, c'est-à-dire la doctrine de ceux qui accordent à la conscience le droit de l'indifférence vis-à-vis de la religion.

Dans le second sens que nous avons indiqué, la conscience doit jouir au contraire d'une entière liberté ; il ne faut pas qu'elle soit gênée dans l'accomplissement du devoir. Le devoir est imposé par Dieu, qui en fait un besoin de la partie supérieure de notre être : nul n'a le droit de mettre obstacle à l'exécution des volontés divines. Ceux qui gouvernent les hommes doivent donc se garder d'opprimer les consciences, de leur imposer ce qu'elles repoussent ; elles doivent rester entièrement libres de toute contrainte qui les éloigne du devoir ; c'est leur droit.

Il est juste de revendiquer la liberté de conscience dans cette deuxième signification.

Paul Bert affirme que nous l'avons entière, cette liberté : « Nous pouvons librement aller à l'église, et ne pas travailler le dimanche. » Nous reviendrons bientôt sur cette liberté que nous laisse l'Etat.

Pour le moment, supposons qu'elle soit irréprochable, et voyons si P. Bert n'a pas en même temps déclaré la conscience libre dans le sens que nous

Sénat comme très mauvais ; Dieu existe, il a créé le monde, il s'est manifesté à l'homme, il lui a donné une loi, il est sa fin dernière : voilà la liberté religieuse? Peut-il y avoir une liberté religieuse devant la vérité religeuse ? Peut-on admettre que l'homme est libre de croire que Dieu n'existe pas ? Pour justifier cette soi-disant liberté religieuse, il faut dire, ou qu'il n'y a pas de vérité religieuse, ou qu'on ne saurait la découvrir. » (P. 269.)

avons donné, comme absolument faux et condamné par l'Église.

Quelle est la portée de cette expression dont il se sert : « *Vous pourrez*, si vous le voulez ? » Entend-il seulement que l'Etat nous laisse libres d'avoir de la religion ou de ne pas en avoir ? Entend-il aussi que c'est un droit de la conscience elle-même, qui, sous ce rapport, est entièrement libre ?

Le contexte prouve, jusqu'à l'évidence, que la conscience elle-même est déclarée libre ; d'après le manuel, on peut, non-seulement avec la permission du Gouvernement, mais encore, *en conscience*, changer de religion, ou ne plus en avoir, ne pas aller à l'église, travailler le dimanche.

« Vous êtes des enfants, lisons-nous à la page 111 ; on ne peut pas vous laisser libres comme de grandes personnes. Tant que vous serez mineurs, c'est-à-dire jusqu'à vingt et un ans, vous ne serez pas libres.

» Mais à vingt et un ans, vous serez majeurs, et ce sera autre chose.

» Est-ce que pour cela vous serez libres de faire tout ce qui vous passera par la tête ? Non, cela tombe sous le bon sens ! car si tout le monde en faisait autant, voyez quelle jolie société ! ou plutôt il n'y aurait plus de société du tout.

» Non, il vous faudra toujours et partout obéir aux lois, sans parler des choses que la conscience repousse, sans que la loi y puisse agir, comme de mentir, de trahir ses amis, etc...

» En respectant les lois, vous serez entièrement libres. Vous pourrez continuer à habiter ce pays ou le quitter pour aller ou bon vous semblera, même à l'étranger. Vous pourrez faire tel métier qui vous conviendra, livrer votre travail à tel prix que vous voudrez. Vous pourrez travailler seul ou vous associer à d'autres, pour monter une maison de commerce ou une industrie. Vous pourrez vendre ou affermer vos propriétés, ou en acheter à votre gré. Vous pourrez vous réunir avec qui vous voudrez, même en public, pour discuter soit des affaires personnelles, soit des affaires publiques et politiques. Vous pourrez aller ou ne pas aller à l'église, changer de religion si vous le voulez, ou même n'en avoir aucune. Vous pourrez, si vous en êtes capables, écrire des livres, rédiger des journaux sur tous les sujets possibles, travailler ou non le dimanche. Nul ne pourra vous contraindre à vendre votre bien, si ce n'est par une loi spéciale pour cause d'utilité publique, et en vous en payant le prix à l'avance. Enfin, nul ne pourra ni entrer chez vous sans votre permission, ni vous arrêter pour vous mettre en prison, sans un ordre exprès des magistrats et parce que vous serez soupçonnés d'avoir manqué à la loi. »

L'expression : « Vous pourrez », n'a sans doute qu'un même sens dans tout ce passage ; et comme les libertés relatives à la religion y sont mêlées avec d'autres libertés que la conscience ne désapprouve pas, on juge tout d'abord que, dans l'intention de P. Bert, la liberté de se passer de religion, de travailler le dimanche, n'est pas non plus désapprouvée par la conscience.

Mais ce qui prouve clairement que telle a bien été la pensée de l'auteur, c'est la réflexion qui précède l'énumération des libertés.

Quoique tous les Français soient libres, remarque P. Bert, ils ne sont pas pour cela libres de faire tout ce qui leur passe par la tête. Deux choses limitent la liberté, les lois et la conscience. On ne peut faire ce que défend la loi ; on ne peut faire non plus ce que la conscience repousse, mentir, trahir ses amis, etc.

Et aussitôt après, il dit ce qu'on peut faire. Entre autres choses, on peut aller ou ne pas aller à l'église, changer de religion, etc. Si on peut le faire, c'est donc que ni les lois ni la conscience ne le défendent.

L'expression « vous pourrez » équivaut ici à cette autre moins équivoque : « Il vous est permis en conscience. » Tel est bien le sens du manuel.

Mais c'est exactement le contraire de la vérité : nous sommes *obligés* d'avoir de la religion, il ne nous est pas permis de n'en avoir aucune. Il n'est pas non plus permis aux Catholiques d'en changer, comme nous en avertit le Concile du Vatican, parce que, *aidés de la grâce de Dieu, nous ne pouvons jamais avoir un juste motif de rejeter notre foi.* Nous ne sommes pas libres de ne pas aller à l'église, de travailler le dimanche.

Paul Bert est en contradiction avec l'enseignement catholique : sa doctrine a été condamnée par l'Eglise.

Cette fausse liberté de conscience, telle qu'il la comprend, c'est l'*indifférentisme,* condamné par Pie IX, erreur qui met la liberté au service des passions humaines, et non point au service de la justice et de la vérité ; c'est la liberté que le pape Grégoire XVI a appelée un délire, *deliramentum,* qui ouvre la porte à toutes les opinions, à tous les excès, et dont on peut dire avec le penseur qui nous a déjà fourni l'épigraphe de ce chapitre : « Quand la Providence divine livre le monde à la liberté humaine, elle laisse tomber sur la terre le plus grand de tous les fléaux (1). »

(1) JOUBERT, *Pensées*.

XIII

LA LIBERTÉ DES CULTES

La liberté des cultes érigée en principe par P. Bert. — Elle n'est qu'un expédient. — Devoirs de l'Etat vis-à-vis de la vraie Religion. — Ce que vaut la liberté des cultes.

> *Ceux qui érigent la tolérance en un principe absolu poussent les peuples sur une pente dangereuse. La tolérance n'est point un principe, c'est un expédient.*
>
> LE PLAY.

Il nous reste à apprécier ce que dit P. Bert de la liberté accordée *aux consciences* par la République. Ici encore, et qui s'en étonnera ? nous le trouverons en contradiction avec l'Eglise catholique.

D'après l'*Instruction civique*, nous jouissons maintenant en France de la liberté de conscience.

L'Etat, loin d'exercer aucune contrainte sur les consciences, garantit à tout Français la liberté la plus entière. Il n'a adopté comme sienne aucune religion ; mais il tolère également tous les cultes qu'il plait aux citoyens de pratiquer, en respectant les lois. La liberté est si complète, si parfaite, qu'on peut même n'avoir pas de religion ; l'Etat ne blâme pas ceux qui s'en passent...

On n'est point obligé d'aller à l'Eglise ; on n'est pas obligé de se reposer le dimanche.

Toutes les opinions religieuses sont permises ; il en est de même des opinions irréligieuses. Il est permis de chercher à prouver aux autres qu'il vaut bien mieux ne pas avoir de religion ; on peut, si on en est capable, écrire des livres, rédiger des journaux *sur tous les sujets possibles*.

En un mot, qu'on ait de la religion ou qu'on n'en ait pas, qu'on pratique la bonne ou qu'on suive celle qui est fausse, l'Etat ne s'en occupe nullement ; il laisse chacun absolument libre, et se contente de protéger au besoin cette liberté, « la plus précieuse de toutes ces conquêtes de la Révolution qui doivent être enseignées à l'enfant avec respect, avec reconnaissance. » (P. 6.)

O bienheureuse situation ! Nous sommes loin de ce prétendu bon vieux temps, où, « il fallait être catholique et bon catholique, allant à la messe régulièrement et faisant ses pâques ; où les protestants et les juifs ne pouvaient point avoir de temples à eux et prier Dieu en commun à leur manière ; où le roi, à son sacre, jurait d'exterminer de son royaume les hérétiques. » (P. 158.)

Il est naturel que P. Bert, pour lequel la vérité religieuse n'existe pas, exalte le régime actuel dit régime d'entière liberté ; qu'il regarde la tolérance de tous les cultes comme un progrès, et comme la meilleure situation possible, en attendant sans doute l'heure prochaine de la ruine de toutes les religions. « C'est la Révolution qui nous a donné la liberté ; que son nom soit béni ! »

Mais en bénissant la Révolution, en représentant la liberté de conscience, telle qu'il l'expose, comme une justice rendue à l'humanité, comme un *droit* jadis méconnu et triomphant enfin de l'oppression, que fait-il sinon déclarer que la tolérance n'est pas seulement un expédient, mais un principe ?

Est-ce donc un droit, ainsi qu'il le prétend, pour toutes les opinions religieuses ou irréligieuses d'avoir leur place au soleil, de se manifester au grand jour avec une égale liberté ? Convient-il que la vérité et l'erreur offrent à la société, avec une même audace, leurs séductions saines ou corruptrices ?

Car, en matière religieuse, il ne faut pas l'oublier dans la question qui nous occupe en ce moment, il y a la vérité et l'erreur, comme en morale il y a le bien et le mal. C'est ce qu'oublient nos adversaires, ou ce que le plus souvent ils ne veulent pas comprendre. Ils aiment peu à distinguer entre la vérité et l'erreur ; souvent ils ne croient ni à l'une ni à l'autre, et dans leur indifférence coupable, ils ne consentent pas à reconnaître plus de droit à l'une qu'à l'autre.

Mais nous, Catholiques, nous croyons à une vérité et nous affirmons hardiment ses droits contre l'erreur, comme nous affirmons les droits du bien contre le mal.

Non, ni l'erreur ni le mal ne peuvent jamais avoir aucun droit dans la société : partout et toujours les *droits de l'homme*, alors même qu'on les proclame avec le plus d'enthousiasme, s'arrêtent à cette limite. Que l'homme vante, tant qu'il lui plaira, son indépendance : il doit sa volonté à l'éternelle justice, il doit son intelligence à l'éternelle vérité.

Est-ce à dire que ceux qui sont chargés du gouvernement des sociétés ne doivent jamais y tolérer les manifestations de l'erreur ?

Non, ce serait folie de le penser. La Providence divine fait luire son soleil sur les bons et sur les méchants ; elle laisse croître l'ivraie au milieu du bon grain jusqu'au jour de la moisson : et souvent aussi les chefs des nations sont obligés de laisser l'erreur à côté de la vérité, le mal à côté du bien. Il appartient à leur sagesse de mesurer les situations, de calculer avec les circonstances complexes, en face desquelles ils se trouvent placés. Alors sans doute, comme toujours, la douceur est préférable à la violence, et ses moyens, plus durables de leur nature, sont aussi plus efficaces (1).

Mais ce qu'il importe de comprendre avant tout, c'est que la tolérance de l'erreur et du mal est un pis-aller, une situation forcée, que les circonstances seules justifient.

S'il est permis à l'autorité de tolérer le mal, c'est uniquement pour éviter un mal plus grand. c'est-à-dire dans l'intérêt du bien. S'il est permis de tolérer l'erreur, ce n'est que dans l'intérêt de la vérité, pour ne pas détourner de la vérité les âmes auxquelles elle doit présenter tous ses attraits. Car

(1) Il n'est jamais bon, toutefois, que l'Etat laisse une liberté entière à des doctrines capables de renverser les principes nécessaires à sa vie, à la vie sociale ; à celles, par exemple, qui nient l'existence du droit de propriété, de la responsabilité individuelle, etc.

La société, en effet, suppose nécessairement l'unité ; l'unité n'existe pas sans des liens étroits et solides qui rattachent entr'eux les membres de la famille humaine ; enfin ces liens eux-mêmes ne peuvent être autre chose que les grands principes de la morale. Aussi l'Angleterre mérite les éloges de l'humanité pour avoir, dans un procès récent, condamné l'athéisme, qui est véritablement un crime politique.

encore une fois tous les droits sont au bien et au vrai ; le mensonge et le mal n'en ont aucun.

La tolérance n'est donc pas un principe, mais un expédient, selon le mot de Le Playe (1).

Et si l'on étudie les devoirs de l'Etat d'une manière absolue et théorique, abstraction faite des circonstances et des hypothèses multiples qui font intervenir en même temps dans la pratique des principes d'un autre genre ; en d'autres termes si l'on cherche quelle est la meilleure situation possible de l'Etat vis-à-vis de la Religion, on arrive à des conclusions toutes différentes des idées de P. Bert, que réprouvent et l'Eglise et le bon sens.

La vérité est vérité pour la société aussi bien que pour les individus. Le devoir de l'Etat est donc de la préférer à l'erreur, de la protéger contre l'erreur.

Et d'abord l'Etat doit être religieux. Dieu attend que l'homme l'honore selon toutes les ressources qu'il lui a données, et par conséquent avec cet éclat, avec cette pompe, avec cette plénitude qui résulte de l'union des forces mises en commun sous une même inspiration.

D'ailleurs la prière, l'action de grâces, l'expiation, qui sont les grands actes de la religion, ne s'imposent-elles pas à l'Etat, quand la grâce à demander, le bienfait à reconnaître, le crime à expier concernent non pas un individu, mais la société elle-même ?

(1) « La tolérance est un écart des voies du bien, » dit ailleurs le célèbre philosophe, *La Réforme sociale*. Ce mot cité par Arthur Loth, a eu le malheur d'irriter J. Ferry, qui a dénoncé au Sénat « ces réclamations, ces revendications si choquantes, si invraisemblables, de l'oppression religieuse des temps passés. »

C'est avec raison que la religion a toujours été considérée, chez tous les peuples, comme la base de la législation, qu'elle consacre de son autorité. « Il y a un contrat éternel, dit Rivarol, entre la politique et la religion. Tout Etat, si j'ose le dire, est un vaisseau mystérieux qui a ses ancres au ciel. »

Et la religion d'Etat doit-elle être une de ces fausses religions qui « laissent le doute dans l'âme et n'ont pas de vraie solidité » (1)?

La religion seule véritable a seule droit aux préférences des gouvernants comme des particuliers. Aussi le Syllabus nous donne, comme condamnée par le Souverain Pontife, cette proposition : « A notre époque, il n'est plus expédient que la religion catholique soit l'unique religion de l'Etat, à l'exclusion de tous les autres cultes. »

C'est encore un devoir pour l'Etat de défendre la vérité contre l'erreur. Il ne peut permettre aux faux cultes et aux fausses doctrines de se produire en toute liberté. Assurément ses prétentions seraient absurdes, s'il voulait imposer aux consciences sa religion, en n'employant que la force brutale : chacun est responsable devant Dieu seul des actes et des croyances qui n'ont pas d'influence sur les autres hommes. Mais il est parfaitement dans son droit et dans son rôle en empêchant les manifestations publiques de l'erreur, qui ne peuvent être que fort dangereuses (2).

(1) Bossuet.

(2) « Il ne faut pas confondre la liberté de conscience avec l'égalité des cultes. La conscience est un sanctuaire que nul pouvoir humain n'a le droit de violer ; mais il y a loin de ce

Les libertés publiques de tous les cultes et des doctrines antireligieuses compromettent la tranquillité de l'Etat; rien n'a jamais été plus funeste à la paix sociale que les divisions religieuses: les guerres de religion, avec tous leurs excès, le prouvent suffisamment.

Et puis l'indépendance de l'esprit, bien plus que la croyance au miracle, ne conduit-elle pas à la révolution, à cette rébellion qui est un crime, d'après P. Bert lui-même, quand elle se déclare contre la République; qui est une grande faute, d'après le Syllabus, lorsqu'elle se fait contre toute autorité légitime? la Révolution française descend en ligne directe du protestantisme par la philosophie du XVIIIe siècle.

C'est surtout à la véritable religion que devient fatale l'entière liberté de conscience dont parle le manuel.

Elle habitue les hommes à se familiariser avec toutes les erreurs, avec toutes les chimères que produit l'esprit humain (1). Parmi tant de croyances ou de rêves qui se contredisent, on est plus porté à l'indifférence, surtout lorsqu'on voit les gouvernants eux-mêmes, indifférents, admettre les cultes sans discernement, et prêter leur concours à la propagation de l'erreur par le budget qui rétribue les

respect pour le culte individuel et domestique à la suppression de toute Religion de l'Etat. L'Etat se doit de diriger les intérêts de toute société comme il dirige ses intérêts matériels. S'il se déclare indifférent, il abdique. » Louis BLANC. *Histoire de dix ans*, 6e édition, liv. II, p. 267.

(1) « L'égalité des cultes est la consécration nécessaire des plus grossiers charlatanismes. » — Louis BLANC, *ibid.*

docteurs des fausses religions comme fonctionnaires publics.

Mais l'erreur et la vérité sont ennemies. Comment vivront-elles ensemble? Si toutes les opinions peuvent se manifester librement, la religion véritable sera attaquée, les principes même les plus essentiels seront mis en doute : rien ne sera respecté, et la licence entraînera fatalement une vaste corruption des esprits et des mœurs. « La liberté civile de tous les cultes, et le plein pouvoir accordé à tous de manifester ouvertement et publiquement toutes les opinions, toutes les imaginations, mènent plus facilement les peuples à la corruption des mœurs et des esprits, et propagent la peste de l'indifférentisme (1). »

Enfin, l'entière liberté devient l'oppression. Nous ne pouvons nous faire illusion; la liberté de conscience dont on nous offre le bénéfice a été proclamée contre le catholicisme. Lorsque Marmontel publia son *Bélisaire*, où il préconisait le principe de la liberté des cultes, Voltaire le félicita en ces termes : « Illustre profès, écrasez le monstre tout doucement. » Pour un grand nombre, qu'ils cachent ou déclarent leur dessein, c'est toujours l'avantage préféré de ce qu'ils s'obstinent à appeler la liberté de conscience. La liberté des cultes, c'est la liberté contre les cultes.

Jésus-Christ nous en avait prévenus : « Celui qui n'est pas pour moi, a-t-il dit, est contre moi. » Et nous avons vu cette parole se vérifier dans notre pays depuis le jour où l'Etat, en proclamant la liberté.

(1) Syllabus, prop. 79.

a cessé de défendre la cause de Jésus-Christ, qui pourtant avait toujours été celle de la France.

Oui, depuis ce temps nous avons souffert l'oppression ; et sous un régime de liberté, nous sommes obligés de nous plaindre de la tyrannie. Que voyons-nous en effet au moment où nous écrivons ces lignes ?

On force les parents chrétiens à envoyer leurs enfants dans des écoles où Dieu n'a plus sa place, où la religion ne forme plus la base de l'éducation, où l'enseignement, qui devait être neutre et ne l'est pas, le manuel de P. Bert en est une preuve, expose leur foi aux plus grands dangers.

On chasse des hôpitaux les sœurs qui aimaient à guérir les âmes en soignant les corps, et on prend toutes sortes de précautions pour que le malade n'ait plus à son chevet la religion avec ses suprêmes espérances.

On interdit les processions catholiques sous prétexte que l'ordre peut en être troublé; le culte doit rester caché dans les temples, il ne peut jouir de l'air de la liberté.

Les religieux sont exilés, et l'on est plus libre de servir Dieu dans cet état sublime que l'Eglise recommande et bénit de préférence.

Les fonctionnaires de l'Etat ne sont pas libres de pratiquer leur religion. S'ils veulent paraître chrétiens, on les révoque : l'irréligion devient obligatoire : *Regis ad exemplar componitur orbis.*

Lorsque les princes de l'Eglise veulent faire respecter les plus saintes lois, on les traite comme des criminels, on les condamne.

On supprime le traitement d'un grand nombre de prêtres, qui n'ont fait que leur devoir avec l'approbation de leurs évêques; on oublie volontiers que l'Eglise est créancière de l'Etat (1).

Et que nous réserve l'avenir? Jusqu'où nous conduiront de pareilles libertés qui tendent à déchristianiser la France? N'est-elle pas bien vraie, cette parole de Pie IX aux évêques de la province de Tolède : « La tolérance de tout culte, en ouvrant la porte à l'erreur, élargit la voie de la persécution de la religion catholique? »

« Vous voyez, dit P. Bert (p. 120), que nous jouissons aujourd'hui en France de libertés fort étendues, et que les honnêtes gens n'ont guère à se plaindre. » Paroles très vraies, si par honnêtes gens on entend les communards revenus de Nouméa, les ennemis du bien, de l'ordre et de la religion, les *insulteurs*.

Car il est encore une autre espèce d'oppression que nous devons souffrir, comme conséquence de la liberté : c'est l'insulte, l'insulte adressée à nos personnes, adressée à nos croyances, à ce que nous aimons, à ce que nous vénérons, à ce que nous adorons; insulte dans les actes, comme le renversement des croix et la profanation des églises; insulte dans les gravures les plus hideuses ; insulte dans les livres et les journaux où se mêlent le blasphème diabolique et le mensonge effronté.

Ne sait-on pas de quelle puissante indignation ces outrages remplissent les âmes catholiques?

(1) « Quand on songe que ce sont ceux qui imposent ces tortures aux consciences chrétiennes, qui viennent ensuite gémir sur le trouble apporté aux consciences chrétiennes par le zèle de leurs pasteurs, on est confondu de tant d'audace ; il faudrait le pinceau d'un Molière pour couvrir de ridicule ces tartufferies d'un nouveau genre ! » — De Broglie.

Nul ne voudrait laisser outrager impunément son père ou sa mère; le bras d'un fils sait toujours venger leur honneur :

A qui venge son père, il n'est rien d'impossible.

Il est juste d'aimer un père, d'aimer une mère. Mais il est quelqu'un que nous aimons plus qu'un père et plus qu'une mère : c'est Jésus-Christ notre Sauveur et notre Dieu. Ceux qui l'outragent sans réflexion, alors qu'ils ne le connaissent même pas, sont à plaindre. Mais lorsqu'il est insulté avec une malice calculée, avec un cynisme odieux, comment ne pas sentir le sang bouillonner dans nos veines? Clovis, entendant lire l'histoire de la Passion, s'écriait : « Oh! que n'étais-je là avec mes Francs! » Et nous qui l'aimons aussi, comment le laisser indignement insulter, comment ne pas désirer de venger son honneur, dût-il en coûter une vie, qui serait sans doute vendue chèrement.

Non, Dieu se réserve de souffleter lui-même d'une manière terrible, ses insulteurs : ce qu'il supporte, nous devons nous résigner à le voir et à l'entendre quand nous ne pouvons l'empêcher. Mais c'est ainsi que nous blessent jusqu'au fond de l'âme, dans nos sentiments les plus respectables, les outrages dont on se plaît à couvrir notre sainte Religion.

Et si quelqu'un dit que le régime le meilleur est celui où il est permis à n'importe quel haineux sectaire, ou à n'importe quel imbécile, d'insulter librement ce que des millions de Français aiment et respectent le plus au monde, celui-là n'a certainement pas le sens du bien, du juste, et de l'honnête.

Voilà ce que vaut la grande liberté de conscience

que l'*Instruction civique* nous représente comme le bien le plus précieux.

Si P. Bert n'est pas d'accord avec le Syllabus, c'est sans doute la moindre de ses inquétudes; mais c'est précisément parce qu'il ne tient aucun compte de nos croyances que nous refusons d'accepter son manuel.

XIV

LA FRANCE CHRÉTIENNE

Tableau de l'ancienne France, par P. Bert. — La France formée par le Christianisme. — P. Bert la renie.

Par les principes, la philosophie ne peut faire aucun bien que la Religion ne le fasse encore mieux ; et la Religion en fait beaucoup que la philosophie ne saurait faire. Partout où les lettres ont brillé, l'humanité n'en a pas été plus respectée : les cruautés des Athéniens, des Egyptiens, des empereurs de Rome, des Chinois, en font foi. Que d'œuvres de miséricorde sont l'ouvrage de l'Evangile !

J.-J. ROUSSEAU.

L'histoire est la science où l'esprit humain est le plus exposé à s'égarer. La multiplicité des faits, la difficulté de les bien connaître, la difficulté plus grande encore d'en bien interpréter les causes et les effets peuvent porter l'écrivain à donner à son sujet la forme et le sens de ses propres conceptions. Aussi, destinée par sa nature à être l'éducatrice des peuples, l'histoire est-elle souvent transformée en un champ de bataille où les partis se combattent à outrance.

Autant il est difficile de l'écrire avec une parfaite équité, autant il est aisé d'en faire sortir un enseignement voulu et cherché, soit en contrefaisant les faits, soit en faussant les conclusions. C'est ce que P. Bert n'a pas manqué de faire dans son *Instruction civique*, surtout au chapitre de la Révolution.

Il se propose, dans ce chapitre, de développer dans le cœur des enfants l'amour de la Révolution de 1789, et, par conséquent, de la République actuelle, qui se dit fille de la Révolution et fidèle aux mêmes principes.

Comme la Révolution a surtout détruit, il est nécessaire, pour l'aimer, de haïr ce qu'elle a renversé. Ce qu'elle a voulu renverser, c'est l'édifice social bâti par nos pères sous l'influence chrétienne ; ce sont les principes religieux auxquels notre patrie doit les progrès de sa civilisation.

Il fallait donc que P. Bert discréditât la vieille France chrétienne, et qu'il la montrât comme embarrassée dans ses aspirations et dans son développement par les liens funestes de la Religion.

Dans son manuel, « l'histoire est présentée, dit le cardinal Guibert, archevêque de Paris, de façon à inspirer aux enfants, à l'égard de l'Eglise, des sentiments de défiance, de mépris ou de haine. A en croire ces nouveaux récits, les temps où l'influence chrétienne s'est exercée le plus librement auraient été pour l'humanité des siècles de servitude, de misère, d'ignorance. Le savoir, la dignité, la liberté, tout ce qui fait le prix de la vie, remonterait à moins de cent ans, et la société n'en aurait obtenu la conquête qu'en s'affranchissant des lois de l'Evangile. »

Aussi quel horrible tableau nous a-t-il tracé de la France d'avant la Révolution ! C'est à faire penser que nous étions à l'état sauvage, abrutis dans la servitude et dans le fanatisme religieux.

Qu'était en effet la justice ?

« La justice ! A dire vrai, il n'y avait pas de justice du tout. Mais en revanche il y avait terriblement de juges, et de bien des espèces.

» Quand on plaidait contre un grand personnage, il fallait aller droit au Parlement, et là intriguer et payer les juges.

» Oui, payer les juges. Sans cela condamné. Ainsi on achetait la justice, et *le plus riche avait toujours raison* : cette chose honteuse paraissait toute naturelle.

» Rappelez-vous le juge Dandin (dans les *Plaideurs*, de Racine) condamnant un chien aux galères pour avoir mangé un chapon ; *on y aurait bien condamné un homme.* » (P. 151.) — « L'équité dans la justice date de la Révolution. » (P. 156.)

Qu'étaient la liberté, l'égalité, la fraternité ?

« Vous pensez bien ce qu'étaient la liberté, l'égalité, la fraternité, sous un pareil régime.

» La liberté ? — La liberté de la presse ? Pour avoir écrit quelques vers contre une dame de la cour, Latude fut enfermé pendant trente-cinq ans à la Bastille, sans jugement, *bien entendu.*

» La liberté individuelle ? Sans parler des serfs, les gens libres eux-mêmes, sans qu'ils s'en doutent ou sachent pourquoi se voyaient tout à coup jetés en prison, et détenus parfois indéfiniment dans quelque bastille en vertu de l'ordre du roi, d'une lettre de cachet... *Voilà le bon vieux temps !*

» La liberté de conscience ? On enlevait les enfants des protestants pour *les mettre au couvent ou les tenir en prison*.

» Et l'égalité ? On ne pensait pas à l'égalité, *c'est-à-dire à la justice*. On ne pensait qu'aux priviléges, aux passe-droit, c'est-à-dire *à l'iniquité et aux caprices*.

» La Révolution a changé tout cela.

» Et la fraternité ? *Etait-il possible d'y songer dans un état pareil ?* Parlez donc de fraternité à des moines qui possédaient des serfs ! Quelle fraternité *pouvait-il y avoir* entre les nobles orgueilleux et les pauvres roturiers ?... *Partout* on ne rencontrait que mendiants *par bandes*. Puis, de temps en temps, on les ramassait *par milliers ;* on envoyait ramer aux galères tous ceux qui étaient valides.

» *On donnait bien un peu à la porte des couvents et des châteaux ;* c'était là une aumône de parade, destinée à éviter les soulèvements du peuple que rendait furieux la misère extrême : ce n'était pas la fraternité. »

Et après cette peinture faite à plaisir, qui remplit de la plus juste indignation toute âme honnête, pour pour peu qu'elle connaisse le passé, le maître s'écrie tout joyeux, enchanté d'avoir trompé ses disciples :

« Eh bien ! avais-je raison ? *Tout ce dont nous jouissons* aujourd'hui ne nous vient-il pas de la Révolution ?... Quand vous trouverez des gens qui diront du mal de la Révolution devant vous, il faudra leur répondre : Si nous sommes libres, si on ne nous pille plus, c'est à elle que nous le devons. C'est elle qui nous a donné la liberté, l'égalité, la fraternité. Que son nom soit béni ! » (P. 159 à 162.)

Où conduit cette tactique méchante de l'historien impie? Le cardinal Guibert a montré le danger; elle inspire aux enfants, à l'égard de l'Eglise, des sentiments de défiance, de mépis ou de haine. Il est aisé, en effet, de suivre cette triste logique.

Jusqu'à la Révolution, la France a vécu surtout sous l'influence chrétienne; les écrivains s'accordent à reconnaître que la civilisation s'est développée dans notre pays par la vertu du Christianisme.

A la fin du XVIIIe siècle, les ennemis de l'Eglise et de Jésus-Christ, après avoir renversé la vieille monarchie, repoussèrent l'influence chrétienne comme on rejette un instrument usé. Ils prétendaient que la raison seule, affranchie du joug de la religion, doit conduire désormais l'humanité dans la voie du progrès.

P. Bert s'efforce donc de prouver que la société, telle qu'elle était sous l'influence chrétienne, répugne à la raison, et que seules les idées *modernes*, c'est-à-dire irréligieuses, peuvent lui convenir.

Mais si toutes ces grandes choses qui font le prix de la vie n'ont été obtenues que par l'affranchissement du Christianisme, que faut-il en conclure, sinon que le Christianisme ne contient pas en son sein assez de ressources pour l'humanité, assez de force et de vie pour les besoins de l'avenir, que son rôle est terminé, qu'il meurt enfin, et, par conséquent, qu'il n'est pas une œuvre divine? C'est la conclusion logique du chapitre de la Révolution; une attaque si dangereuse contre l'Eglise méritait bien d'être signalée par le premier évêque de France.

Non, pour P. Bert, la France chrétienne n'est pas la vraie France; notre patrie n'a pas encore cent ans ; *l'idée de patrie date de la Révolution* (p. 165), de l'époque où l'on s'est affranchi du Christianisme.

Qu'importe que l'Eglise ait uni dans une même foi les peuples qui ont formé la France, et, que, par l'unité des principes, elle ait produit l'unité nationale avec des éléments très divers, l'élément gallo-romain et l'élément celtique? Qu'importe que la stabilité de sa morale ait fait prévaloir définitivement dans l'esprit des peuples le droit sur la force, l'autorité sur le caprice ; qu'avec la charité chrétienne elle ait adouci les mœurs farouches des Francs ; qu'elle ait résisté à la barbarie et dompté ce fléau redoutable qui menaçait la civilisation ; qu'elle ait conservé à travers les âges les trésors de la science et ouvert des écoles pour répandre les bienfaits de l'instruction ; qu'elle ait invité les arts eux-mêmes à consacrer leurs productions glorieuses, en poursuivant le beau idéal dans la splendeur divine de ses mystères?

Cette force mystérieuse est d'un autre âge ; aujourd'hui la raison la réprouve. La morale qui nous convient, c'est une morale indépendante des croyances religieuses, c'est une morale étrangère « à la patrie céleste, près de laquelle la patrie terrestre n'est rien. »

Cette France, qui écrivait en tête de sa première loi ce cri de reconnaissance et de dévouement : *Vive le Christ qui aime les Francs!* qui était la fille aînée de l'Eglise, le soldat du Christ, le noble champion de la cause catholique, P. Bert la renie. Ce n'est pas à elle que nous devons nos affections ; au contraire, « l'histoire à été inscrite dans le programme primaire pour enseigner à haïr le fanatisme. » (Avant-propos, p. 7.)

N'adressons notre reconnaissance qu'à la Révolution ; c'est à elle seule qu'un cœur français doit son amour et son admiration. *Tout ce que je vous ai enseigné jusqu'ici, tout ce que je vous ai appris à aimer, à admirer, c'est la Révolution qui l'a fait.* (P. 136.)

XV

LA FRANCE CHRÉTIENNE

(SUITE)

L'Eglise et la société. — P. Bert comparé à Taine. — Le soulagement des pauvres. — Les hôpitaux. — Le peuple. — Les écoles. — Vie des religieux. — Biens du clergé. — La dîme. — Confiscation des biens du clergé.

La charité ne périt jamais.
Saint PAUL.

La charité est la vertu chrétienne par excellence. Il n'en est aucune que Jésus-Christ ait prêchée avec autant de force, qu'il ait recommandée avec des instances aussi vives. « Aimez-vous les uns les autres, disait-il, comme je vous ai aimés. » Saint Paul, répétant la leçon du Maître, rappelle aux chrétiens qu'ils se doivent un amour de *fraternité*. Et saint Jean, dont les forces sont épuisées par l'âge, le travail et la persécution, ne sait plus que répéter : « Mes petits enfants, aimez-vous les uns les autres. »

Il a plu à Dieu de donner à l'Eglise la charité, comme un cachet mystérieux imprimé dans son cœur et sur son bras, pour être la marque authentique de sa divine origine. « On connaîtra que vous êtes mes disciples, à la charité que vous aurez les uns pour les autres. »

Est-ce pour cette raison que P. Bert, esquissant comme l'on sait l'histoire de la France chrétienne, dépouille l'Eglise de cette douce auréole de la charité qui lui attire dans tous les temps l'admiration des hommes ?

D'après cet auteur, avant la Révolution il n'y avait qu'oppression et souffrances : nul ne soulageait la misère : ou si les riches laissaient parfois tomber pour les pauvres un peu de leurs trésors, c'était sans fraternité, pour leur propre intérêt. L'Eglise n'avait point de ressources pour les malheureux ; son clergé et ses ordres religieux vivaient dans la paresse, jouissant d'une injuste fortune que la Révolution a bien fait de leur enlever.

Donnons le texte de l'*Instruction civique.*

Il nous serait facile d'en combattre les erreurs et les malignes insinuations par le témoignage d'un grand nombre d'écrivains catholiques, qui ont suivi à travers les âges l'admirable fécondité de la charité chrétienne. Nous nous contenterons d'opposer à P. Bert un auteur qui ne peut être soupçonné de parti pris, puisqu'il a passé sa vie à combattre les doctrines spiritualistes, M. Taine. *(Origines de la France comtemporaine : l'Ancien régime*, liv. I ; et *la Révolution*, t. I, liv. II.)

Le soulagement des pauvres.

P. Bert. — La misère et la faim étaient continuelles, et bien rares étaient ceux qui *mangeaient leur saoul* de pain d'orge et d'avoine. Et pendant ce temps-là, les barons et les abbés s'amusaient à Versailles ! Tenez, j'ai tort de me fâcher, mais quand je vois des fils de serfs dire du mal de la Révolution je ne peux pas me retenir. (P. 145.)

Là-haut était le couvent, habité par six moines qui passaient leur vie à prier, à se promener, à surveiller les travaux de leurs serfs, à recevoir les produits et redevances. Monsieur l'abbé, lui, ne venait pas souvent ; il était à Versailles., à s'amuser avec son frère, le baron.

Ces moines en avaient bien plus qu'il ne leur en fallait pour vivre ; aussi étaient-ils aussi *gros* et *gras* que leurs paysans étaient décharnés (la gravure le prouve). Le dimanche, les vieilles femmes, les enfants, les plus misérables venaient au couvent, pleurant, pieds nus ou traînant la semelle, et là, les moines leur distribuaient quelques vivres, *juste pour les empêcher de mourir de faim.* Et, après, il fallait aller vanter partout la grande charité du couvent. (P. 138.)

On donnait bien un peu à la porte des couvents et des châteaux, *c'était là une aumône de parade,* destinée à éviter les soulèvements du peuple, que rendait furieux la misère extrême : ce n'était pas la fraternité. (P. 160.)

TAINE. — Le clergé conservait les industries précieuses qui donnent à l'homme le pain, les vêtements et l'habillement, surtout la meilleure de toutes les acquisitions humaines et la plus contraire à l'humeur vagabonde du barbare pillard et paresseux, je veux dire l'habitude et le goût du travail. (P. 6.)

Le moine recueille les misérables, les nourrit, les occupe, les marie. (P. 7.)

Par l'institution des corps ecclésiastiques, l'assistance des pauvres, le soin des malades, est assuré sans charges pour le budjet, mis à part et à l'abri des retranchements que pourrait suggérer l'embarras des finances publiques, défrayé par la générosité privée qui, trouvant un réservoir prêt, vient de siècle en siècle, y rassembler ses mille sources éparses. (*La Révolution*, t. I, p. 214.)

En fait de charité, les moines restent fidèles à l'esprit de leur institut. En 1781, en Provence, les dominicains de Saint-Maximin ont nourri leur district où l'ouragan avait détruit les vignes et les oliviers. « Les chartreux de Paris, au témoignage des Archives nationales, donnaient aux pauvres 1,800 livres de pain par semaine. Pour fournir à ces besoins extraordinaires, plusieurs communautés ajoutent à la rigueur de leurs abstinences. (*L'Ancien régime*, p. 43.)

Taine relève (note de la p. 225), cette parole prononcée le 30 janvier 1792, par M. de la Rochefoucauld-Liancourt, devant l'Assemblée : « Rien ne peut mieux rassurer les pauvres que de voir la nation s'emparer du droit de leur donner des secours. »

Les Hôpitaux.

P. Bert. — *Sans doute, la charité s'exerçait :* il y a toujours eu de braves cœurs dans tous les rangs, dans tous les partis. Il y avait *quelques hôpitaux* dans les grandes villes ; mais quels hôpitaux ? A l'Hôtel-Dieu de Paris, les malades couchaient huit dans le même lit, quatre par quatre la tête aux pieds, et, quand il en mourait un, les autres passaient la nuit à côté. (P. 160.)

Taine. — *Quatorze mille hospitalières, réparties en quatre cent vingt maisons*, veillent dans les hôpitaux, soignent les malades, servent les infirmes, élèvent les enfants trouvés, recueillent les orphelins, les femmes en couches, les filles repenties. Sur chaque plaie sociale ou morale, une charité ingénieuse applique ainsi, avec ménagement et avec souplesse, le pansement approprié et proportionné?

Devant de tels instituts, évidemment, *pour peu qu'on ait souci de l'intérêt public et de la justice*, il faut s'arrêter; d'autant plus qu'il est inutile de sévir. En vain la main rude du législateur essaiera de les écraser; ils repousseront d'eux-mêmes, parce qu'*ils sont dans le sang de toute nation catholique*. (*La Révolution*, t. I, p. 218.)

Le Peuple.

P. Bert. — Le pauvre peuple était attaché à la glèbe, pressuré par les droits féodaux, les famines, les taxes, les impôts, le pillage, et privé de tout soulagement...

Ici nous appartenions au baron de Saint-Yrieix. Celui-ci n'était pas, comme son *féroce* ancêtre, un *grand gaillard* couvert d'armures; non, c'était une espèce de *godelureau* qu'on ne voyait guère ici qu'une fois par an, pour emporter tout l'argent que pressurait son intendant. Et *Dieu sait (!)* s'il fallait lui en payer de toutes les façons. (P. 139.)

Et il ne fallait pas se plaindre trop haut; car un beau jour gibier, chiens, cavaliers, tout cela galopait tout au travers de la plaine et des collines, et alors adieu vin, avoine et blé. Le pauvre paysan pleurait, et les nobles lui riaient au nez; ou bien il montrait le poing, et les valets le rossaient (voir la gravure,

p. 140), ou le menaient à la prison du seigneur, lequel avait droit de justice. Et le lendemain, pour se reposer, on s'amusait à lui faire de grosses peurs, à lui donner des étrivières, à le condamner, lui ruiné, à l'amende ou à quelque grossière ou humiliante peine. (P. 141.)

A-t-on jamais rêvé injustice pareille? Etonnez-vous après cela qu'on appelait les paysans des ahaniers, parce qu'ils travaillaient, geignaient et souffraient toujours. *C'était un véritable enfer.* (P. 147.)

Quelle fraternité pouvait-il y avoir entre les nobles orgueilleux et les pauvres roturiers? (P. 160.)

Allez, mes enfants, rappelez-vous-le bien, la Révolution, pour nous autres qui étions du pauvre peuple, ça été *la grande bienfaitrice* et la *grande libératrice.* Est-ce votre avis, ami Jules ?

— Oh ! oui, monsieur. (P. 161.)

Taine. — Grâce à ces braves (les nobles), le paysan est à l'abri ; on ne le tuera plus, on ne l'emmènera plus captif avec sa famille, par troupeau, la fourche au cou. Il ose labourer, semer, espérer en sa récolte. Par degrés, entre le chef militaire du donjon et les anciens colons de la campagne ouverte, la nécessité établit un contrat tacite qui devient une coutume respectée. Ils travaillent pour lui, cultivent ses terres, lui paient des redevances, tant par maison, tant par tête de bétail, tant pour hériter ou vendre : il faut bien qu'il nourrisse sa troupe. Mais ces droits acquittés, il a tort si, par orgueil ou avidité, il leur prend quelque chose de plus.

Quant aux vagabonds, aux misérables qui, dans

le désordre et la dévastation universelle, viennent se réfugier sous sa garde, leur condition est plus dure : la terre est à lui, puisque sans lui elle serait inhabitable ; s'il leur en accorde une parcelle, si même il leur permet seulement d'y camper, s'il leur donne du travail ou des semailles, c'est aux conditions qu'il édicte ; ils seront ses serfs, ses mainmortables.

Ne pas être tué, dit Stendhal, et avoir l'hiver un bon habit de peau, tel était pour beaucoup de gens le suprême bonheur au xe siècle.

On vit donc, ou plutôt *on recommence à vivre sous la rude main gantée de fer qui vous rudoie mais qui vous protège. (L'Ancien régime*, p. 11 et 12.)

D'après les statistiques de M. Guérard, les paysans de Palaiseau, au temps de Charlemagne, étaient à peu près aussi aisés qu'aujourd'hui. (Note de la p. 7.)

J'ai eu beau lire, je n'ai point trouvé les tyrans ruraux que dépeignent les déclamateurs de la Révolution. Entre cent terres habitées par les seigneurs, dit un avocat contemporain, *on en trouvera peut-être une ou deux où ils tyrannisent leurs sujets ;* tous les autres y partagent patiemment la misère de leurs justiciables. Ils attendent leurs débiteurs, leur font des remises, leur procurent toute facilité pour payer. (*L'Ancien régime,* p. 42.)

Si *le clergé* pèse sur les princes, c'est surtout pour réfréner en eux et au-dessous d'eux les appétits brutaux, les rébellions de la chair et du sang, les retours et les accès de sauvagerie irrésistible qui démoralisent la société. *(L'Ancien régime,* p. 6.)

Il donnait à l'homme la volonté de vivre, ou tout au moins la résignation qui lui fait tolérer la vie, en dressant le monde idéal au bout du monde réel, comme un magnifique pavillon d'or au bout d'un enclos fangeux. (P. 7.)

Les Ecoles.

P. BERT. — Quand le paysan allait à la ville, il y était bien reçu! D'abord *il n'était pas bon à grand'chose*, tout engourdi de misère et *sans nulle instruction ; car il n'y avait pas d'écoles* ici ni aux alentours, sauf que M. le curé, qui était un brave homme, *guère plus riche que ses paroissiens*, malgré la dime dont il envoyait la plus forte part à son évêque, apprenait à quelques garçons à *signer leur nom et à lire le Psautier*. (P. 151.)

TAINE. — Parmi ces communautés, *plusieurs centaines sont des maisons d'éducation ;* un très grand nombre donnent gratuitement l'enseignement primaire. Or, en 1789, il n'y a pas d'autres écoles pour les filles, et, si on les supprime, on bouche à à l'un des deux sexes, à la moitié de la population française, toute source de culture et d'instruction. Telle communauté, à Saint-Flour, élève cinquante pensionnaires ; une autre, à Beaulieu, instruit cent externes ; une autre, en Franche-Comté, dirige huit cents enfants abandonnés. (*La Révolution*, t. I, p. 217, 218.)

L'Assemblée législative avoue que les communautés vouées à l'enseignement public ont bien mérité de la patrie. (*La Révolution*, t. I, p. 224.)

Vie des Religieux.

P. BERT. — Là-haut était le couvent habité par six moines, qui *passaient leur vie à prier, à se promener*, à surveiller les travaux de leurs serfs, à recevoir les produits et redevances. (P. 137.)

Quand la Révolution est venue, elle demanda *à ces six paresseux* en vertu de quoi ils possédaient un si grand bien. (P. 138.)

Et les serfs de Saint-Gildas, qui passaient la nuit quand l'abbé était là, à battre les fossés du couvent en chantant...

Ah ! vous connaissez tous le refrain :

> Pâ, pâ, rainettes, pâ,
> Veci l'abbé, que Dieu gâ.
>
> (P. 144.)

TAINE. — Dans ses églises et dans ses couvents, le clergé conservait les anciennes acquisitions du genre humain, la langue latine, la littérature et la théologie chrétiennes, une portion de la littérature et des sciences païennes, l'architecture, la sculpture, la peinture, les arts et les industries qui servent au culte.

Le moine bénédictin, avec ses compagnons, défriche et construit; il domestique les animaux demi-sauvages, établit une ferme, un moulin, une forge, un four, des ateliers de chaussures et d'habillement. Selon sa règle, chaque jour il lit pendant deux heures; sept heures durant, il travaille de ses mains, et il ne mange, il ne boit que le strict nécessaire. Par son travail intelligent, volontaire, exécuté en conscience et conduit en vue de l'avenir, il produit plus que le laïque. Par son régime sobre, concerté, économique, il consomme moins que le laïque. C'est pourquoi là où le laïque avait défailli, il se soutient et même il prospère. (*L'Ancien régime*, p. 6.)

Biens du clergé.

P. Bert. — Encore si tout le monde avait payé également. Mais non, le pauvre peuple seul payait pour la terre en moyenne la moitié de la valeur du revenu ; le clergé, rien du tout. A-t-on jamais rêvé *une injustice pareille ?* Ils écrasaient leurs paysans d'impôts. (P. 147.)

Pour la capitation, par exemple un bourgeois qui avait 12,000 livres de revenu payait 1,500 francs d'impôts, un noble n'en payait que 75. Le clergé, lui ne payait rien du tout.

Taine. — Il a tenu dans ses mains le tiers des terres, la moitié du revenu, les deux tiers du capital de l'Europe. *Ne croyons pas que l'homme soit reconnaissant à faux*, et donne sans motif valable ; il est trop égoïste et trop envieux pour cela. Quel que soit l'établissement, ecclésiastique ou séculier, quel que soit le clergé, boudhiste ou chrétien, les contemporains qui l'observent pendant quarante générations ne sont pas de mauvais juges ; ils ne lui livrent leurs volontés et leurs biens qu'à proportion de ses services, et *l'excès de leur dévouement peut mesurer l'immensité de son bienfait.* (*L'Ancien régime*, p. 8.)

La dîme.

P. Bert. — Il fallait donner *la dime* à monsieur le curé pour lui et pour monseigneur l'évêque. (Là encore une gravure explique le texte.) Dime veut dire dixième ; mais on prenait bien plus que le dixième ; dans ce pays-ci, le clergé prélevait une gerbe sur sept. C'était la grosse dime ; et il y avait, en outre, la dime de la laine, celle du chanvre, des légumes, des fruits qui se payait au dixième ; plus cinq liards pour chaque veau, sans compter la dime en lapins, anguilles, canards. Le clergé, à lui seul, recueillait ainsi presque autant que le roi de France.

TAINE. — L'Etat va bien employer l'argent qu'ils employaient mal ! Il abolit la dîme, non point graduellement et moyennant rachat comme en Angleterre, mais tout d'un coup et sans indemnité, à titre d'impôt illégitime et abusif, à titre d'usurpation vexatoire. L'opération est radicale et conforme aux principes. Par malheur, elle est si grossièrement enfantine qu'elle va contre son propre objet. En effet, depuis Charlemagne, toutes les terres, incessamment vendues et revendues, ont toujours payé la dîme, et n'ont jamais été achetées que sous cette charge qui est environ un septième du revenu net. Otez cette charge, vous ajoutez un septième au revenu du propriétaire. Et pour dégrever les propriétaires fonciers, l'Etat s'est grevé lui-même. — A force de s'obérer, d'exagérer ses dépenses, d'abolir ou d'abandonner ses recettes, l'Etat ne vit plus que du papier qu'il émet, mange son capital nouveau, et marche à grands pas vers la banqueroute. Jamais succession si large n'a été si vite réduite à rien et à moins que rien...

Puis visiblement tous les établissements de bienfaisance et d'éducation dépérissent. (*La Révolution*, t. I, p. 227.)

Les biens du clergé confisqués par la Révolution.

P. BERT. — Quand la Révolution est venue, elle demanda à ces six paresseux (les moines du couvent) en vertu de quoi ils possédaient un si grand bien. Ils ont montré un titre de 1196, par lequel un baron de Saint-Irieix, un véritable brigand, avait, pour obtenir en mourant, le pardon de ses pillages et férocités, fondé ce couvent, et donné terres et serfs. L'assemblée constituante a trouvé que cela durait depuis trop longtemps, elle a donné à chacun des six moines une rente de 1,200 fr. et vendu aux enchères le couvent et les terres. On n'a pas vendu cela cher, et pourtant les gens du hameau qui n'avaient point d'argent n'en ont pu acheter ; ce sont ceux de la ville qui en ont profité. Depuis, les gens du hameau, que la Révolution avait rendus propriétaires des terres qu'ils cultivaient, se sont enrichis et ont beaucoup racheté, de manière qu'ils sont tous à leur aise. (P. 138.)

Le ministre des cultes *nomme et paie* les principaux prêtres des trois cultes reconnus en France ; le culte catholique, le culte protestant et le culte israélite. (P. 96.)

Les archevêques, évêques et curés *sont payés* en vertu du Concordat *sur le budget de l'Etat*. (P. 109.)

TAINE. — En tous cas, si l'Etat les exproprie, eux et les autres corps ecclésiastiques, *ce n'est pas lui qui peut revendiquer leur dépouille*. Il n'est pas leur héritier, et leurs immeubles, leur mobilier, leurs rentes, ont, par nature, sinon un propriétaire désigné, du moins *un emploi obligé*. Accumulé depuis quatorze siècles, ce trésor n'a été formé, accru, conservé qu'en vue d'un objet. Les millions d'âmes généreuses, repentantes ou dévouées, qui l'ont donné ou administré, avaient toutes une intention précise. C'est une œuvre d'éducation, de bienfaisance, de religion, et non une autre œuvre, qu'elles voulaient faire. Il n'est pas permis de frustrer leur volonté légitime. Les morts ont des droits dans la société, comme les vivants; car cette société dont jouissent les vivants, ce sont les morts qui l'ont faite, et nous ne recevons leur héritage qu'à condition d'exécuter leur testament. Exécuteur testamentaire de la succession, l'Etat *abuse étrangement de son mandat*, lorsqu'il la met dans sa poche pour combler le déficit de ses propres caisses, pour la risquer dans de mauvaises spéculations, pour l'engloutir dans sa propre banqueroute, jusqu'à ce qu'enfin, de ce trésor énorme, *amassé pendant quarante générations pour les enfants, pour les infirmes, pour les malades, pour les pauvres, pour les fidèles*, il ne reste plus de quoi payer une maîtresse dans une école, un desservant dans une paroisse, une tasse de bouillon dans un hôpital. (*La Révolution*, t. I, p. 219 et 220.)

Le lecteur a pu comparer P. Bert et Taine : P. Bert, *un déclamateur de la Révolution*, suivant une expression que nous avons rapportée plus haut ; Taine, historien matérialiste, qui a écrit sans avoir « de ces principes politiques dont d'autres se servent pour juger le passé. » (Introduction du t. II de *La Révolution.*)

Il en concluera *au moins* que l'*Instruction civique* donne une idée très incomplète, très exclusive, et, par conséquent, très fausse, de la France chrétienne.

P. Bert est loin de nous apparaitre comme un sage historien ; sa haine l'a égaré ; il a traité la vieille patrie avec une injustice révoltante; il a fait mentir l'histoire. Quel homme sensé croira des récits écrits avec tant de fiel ?

Ceux qui les croiront, ce sont les pauvres enfants qui liront le manuel : comment douteraient-ils de ce qu'on leur raconte avec tant d'impudence ?

Il est déplorable que l'histoire leur soit ainsi présentée. Elle ment, cette histoire, il est vrai; mais n'est-ce pas avec le mensonge, et avec le mensonge seulement, qu'on arrive à inspirer « des sentiments de défiance, de mépris ou de haine à l'égard de l'Eglise ? »

XVI

UN CHAPITRE D'HISTOIRE

Paul Bert historien. — Réflexions générales sur le chapitre d'histoire : *La Révolution.*

> *Le plus sage et le plus courageux de tous les hommes, M. de Turenne, a respecté la Religion ; et une infinité d'hommes obscurs se placent au rang des génies et des âmes fortes, seulement à cause qu'ils la méprisent.*
>
> VAUVENARGUES.

Nous ne suivrons pas P. Bert dans tous les détails de ce lugubre tableau qu'il nous a tracé de l'ancien régime. Cette étude, pour être sérieuse, prendrait nécessairement des proportions, et dépasserait le plan restreint que nous nous sommes tracé. L'erreur a, parmi les hommes, ce fâcheux avantage sur la vérité, qu'un mensonge est bientôt dit, tandis que la vérité demande à être exposée avec respect, avec conscience. On a bientôt renversé un édifice : mais il faut du temps pour le relever.

A quoi bon, du reste, traiter en œuvre sérieuse un chapitre d'histoire qui n'a rien de sérieux ? Pour tout lecteur instruit, P. Bert n'est rien autre chose qu'un fanatique qui, pour noircir le passé de ses violentes accusations, a mis de côté toute justice et toute mesure. C'est un *déclamateur de la Révolution* : l'expression de Taine lui convient parfaitement.

C'est ainsi qu'un grand nombre d'auteurs ont écrit l'histoire jusqu'à ces derniers temps. Les misères profondes et variées, dont l'humanité porte toujours une grande somme en son sein, ils les ont recherchées avec soin dans les annales de notre pays; ils les ont dépeintes, ils les ont exagérées, pour en charger l'ancien ordre social, et pour exploiter les sentiments de commisération et d'humanité au profit du système nouveau et des doctrines révolutionnaires. En déclamant sur les souffrances et sur les abus, on est parvenu à tromper même des esprits honnêtes et intègres.

Mais cette manière d'écrire l'histoire n'a plus aucun crédit parmi la véritable science. Des esprits éminents, plus amis de la vérité que des systèmes, *amicus Plato, magis amica veritas,* se sont aperçus qu'on avait fait de l'histoire une apologie de la Révolution; et, se dégageant de tout parti pris, ils ont glorieusement refait notre histoire nationale, à l'aide des documents originaux que nous possédons en très grand nombre, et qui nous permettent d'étudier l'ancienne France dans tous les détails de son organisation, « de donner des chiffres précis, de savoir, heure par heure, l'emploi d'une journée, bien mieux, de dire le menu d'un grand dîner, de recomposer une toilette d'apparat, de redevenir presque les contemporains des hommes dont on a fait l'histoire, au point d'être tenté, en suivant leurs vieilles écritures, de leur parler tout haut (1). »

Les travaux de ces savants ont fait apparaître à nos yeux une société toute différente de celle qui nous avait été présentée par les apologistes de la Révolution, et pour laquelle P. Bert tient encore. Ils ont dit avec Delisle :

« Malgré l'accroissement du bien-être matériel, nos laboureurs et nos artisans sont-ils plus réellement heureux que les laboureurs et les artisans du siècle de saint Louis? (2) »

« A part quelques faits isolés, nous avons vainement cherché les traces de cet antagonisme qui,

(1) TAINE, *l'Ancien régime,* préface.

Citons parmi ces savants, avec Taine que nous avons déjà nommé plusieurs fois :

DELISLE, membre de l'Académie des Inscriptions et Belles-Lettres, qui a obtenu le prix Gobert en 1851 et 1852 : *Recherches sur la condition de la classe agricole en Normandie au moyen âge : Etudes sur Philippe-Auguste, sur Charles V :* etc.

Les frères ROBILLARD DE BEAUREPAIRE : *Etudes sur la Normandie.*

Eugène LOUDUN (BALLEYGUIER), qui a obtenu le prix Marcellin Guérin : *Etudes sur la Révolution, sur la Vendée, sur la Bretagne ;* etc.

VIOLLET-LE-DUC : *Dictionnaire raisonné de l'architecture française du* XIe *au* XVIe *siècle ; Dictionnaire du mobilier français, de l'époque carlovingienne à la Renaissance ;* etc.

B. GUÉRARD, membre de l'Académie des Inscriptions et Belles-Lettres : *Polyptique de l'abbé Irminon ;* etc.

Siméon LUCE, auxiliaire de l'Académie des Inscriptions et Belles-Lettres, prix Gobert en 1870 et 1876 : *Etudes sur divers points de l'histoire de France.*

BABEAU : *Le Village sous l'Ancien régime :* etc., etc.

(2) *Etudes sur la condition de la classe agricole*, préface.

suivant les auteurs modernes, régnait entre les différentes classes de la société du moyen âge. Les rapports des seigneurs avec leurs hommes n'y sont point entachés de ce caractère de violence et d'arbitraire avec lequel on se plaît trop souvent à les décrire (1). »

Ils ont rapporté ce témoignage d'une Anglaise illustre, lady Montagne, 1739 : « Les villages sont peuplés de paysans forts et joufflus, vêtus de bons habits et de linge propre. On ne peut imaginer quel air d'abondance et de contentement est répandu dans tout le royaume. »

P. Bert, écrivant dans l'*Instruction civique* son chapitre de la Révolution, connaissait-il ce mouvement de la science historique qui a eu pour résultat comme une réhabilitation du moyen âge ?

On se le demande, et l'on ne sait comment lui trouver une excuse.

S'il le connaissait, il a trompé à dessein, en reprenant des clichés reconnus inexacts.

S'il l'ignorait, pourquoi donc, dans son zèle politique et sa passion antireligieuse, a-t-il laissé un instant la vivisection, où il est maître, pour toucher à l'histoire, où il n'a aucune compétence ?

Terminons ce sujet par quelques observations générales, plus importantes et plus utiles que ne le serait l'étude en détail des tristes pages du manuel :

1° P. Bert établit un parallèle entre l'ancien régime et le nouveau : il veut montrer combien celui-ci est préférable à celui-là ; il veut prouver que la Révo-

(1) *Etudes sur la condition de la classe agricole*, préface.

lution, comme il l'affirme, a été la grande bienfaitrice et la grande libératrice.

Or, il use pour ce parallèle d'un procédé illégitime.

Pour comparer entre elles deux situations différentes, il serait juste de mettre en balance les avantages de la première avec les avantages de la seconde, puis les défauts de l'une avec les défauts de l'autre : on pourrait ainsi se prononcer d'une manière équitable.

Telle n'est pas la méthode de P. Bert. Il n'a qu'une préoccupation : opposer les vices de l'ancien régime aux avantages du nouveau. La comparaison étant ainsi proposée, il est facile de prévoir la conclusion.

L'ancien régime a eu ses gloires et ses bons effets : on y admire la vigueur des mœurs sociales, le culte de la tradition nationale, l'esprit de foi et de charité, la civilisation matérielle, et surtout la civilisation morale, la sage politique des rois, le respect de l'autorité, la stabilité dans le gouvernement... Paul Bert se garde bien d'en parler.

D'autre part, le nouveau régime a bien ses inconvénients : la division entre les citoyens ; la liberté du mal plus protégée que la liberté du bien ; un pouvoir qui déguise son intolérance sous son titre de mandataire du peuple ; l'instabilité d'une maison politique que déjà, treize fois en quatre-vingts ans nous avons démolie pour la refaire, sans avoir pu trouver celle qui nous convient ; les abus enfin de l'ancien régime reparaissant sous une autre forme... P. Bert n'en dit mot.

La comparaison n'est donc pas juste, ou plutôt ce n'est même pas une comparaison ; ce n'est qu'un long cri d'enthousiasme sur les bienfaits de la Révolution.

2° Par un sophisme qu'inspire fréquemment l'esprit de parti, P. Bert conclut du particulier au général ; il raconte des anecdotes ou des fais isolés, et il en tire l'idée générale qu'il veut nous insinuer. Est-il rien de plus déloyal dans un historien? On peut faire pendre un honnête homme, dit-on, avec quelques-unes de ses paroles ; de même, avec les anecdotes, on peut donner à n'importe quelle société l'aspect que l'on veut. Si l'on fait l'histoire d'une époque avec des anecdotes prises dans les exceptions, cette époque sera complètement défigurée.

Voici un exemple :

L'*Instruction civique* (p. 140) nous représente le noble dévastant avec ses gens les terres du pauvre paysan, lui riant au nez s'il pleure, le faisant *rosser* par ses valets, s'amusant à lui faire de grosses peurs, à lui donner des *étrivières*, etc...

Or, nous lisons dans Taine : « Entre *cent terres* habitées par les seigneurs, on en trouvera peut-être *une ou deux* où ils tyrannisent leurs sujets. » (*L'Ancien régime*, p. 42.)

Qu'est-ce à dire? Si nous croyons à la fois Paul Bert et Taine, ce que dit le premier n'est vrai que pour un centième. P. Bert donne comme général un fait particulier et *exceptionnel*. Que penser d'un tel amour de la vérité?

On le comprend sans peine, celui qui ne donne qu'un centième de la vérité, donne les quatre-vingt-dix-neuf centièmes d'un mensonge.

3° Pour juger la société, P. Bert se met à un point de vue que tout le monde n'accepte pas ; il se fait, sur bien des choses importantes, des idées inexactes ; et quand il raisonne d'après ces notions, il en résulte forcément une confusion continuelle dans le langage et dans les pensées.

La liberté, par exemple, nous l'avons prouvé précédemment, c'est pour lui la liberté du mal comme du bien ; il la confond avec la licence.

L'égalité, il la fait consister en certains droits précis, surtout le droit du suffrage, et il trouve qu'à notre époque tous les hommes sont parfaitement égaux.

La fraternité, il la comprend à sa manière, et refuse de la reconnaitre dans cet esprit de charité qui venait autrefois au secours des malheureux, suivant l'inspiration chrétienne.

Il parait dépourvu de ce sens élevé qui fait estimer une époque moins par le bien-être matériel dont elle jouit que par la hauteur morale des âmes.

A plus forte raison met-il de côté cette pensée philosophique et religieuse, que le bien suprême de l'humanité est, *avant tout*, d'arriver à sa fin véritable, à l'éternelle patrie.

1° Il n'est ni convenable ni juste de reprocher à l'ancienne France ses imperfections. Le progrès s'accomplit peu à peu ; ce n'est qu'avec le temps que l'Eglise a pu vaincre complètement la barbarie et répandre la véritable civilisation. Soyons-lui reconnaissants de ce qu'elle a fait, et ne lui reprochons pas de n'avoir pas fait davantage, puisqu'elle a toujours eu à surmonter mille obstacles qui ont entravé son action bienfaisante. « On peut juger de l'abime où nous serions plongés aujourd'hui si les barbares avaient surpris le monde sous le polythéisme, par l'état actuel des nations où le Christianisme s'est éteint. Nous serions tous des esclaves turcs, ou quelque chose de pis encore. Il est très probable que, sans le Christianisme, le naufrage de la société eût été total. On ne peut calculer combien de siècles eussent été nécessaires au genre humain pour sortir de l'ignorance et de la barbarie corrompue dans lesquelles il se fût trouvé enseveli (1). »

5° S'il y a eu, dans l'ancien régime, des abus, des tyrannies, des fautes de toutes sortes, pourquoi insinuer, comme l'a fait P. Bert, qu'ils résultaient de l'influence chrétienne? La morale chrétienne n'a jamais changé ; elle condamnait alors les abus et les fautes comme elle les condamne aujourd'hui ; elle est vraie pour tous les temps, cette parole de Lacordaire : « L'Evangile protège toutes les faiblesses contre toutes les forces, toutes les puretés contre toutes les convoitises, toutes les modesties contre tous les orgueils ; il protège l'hysope contre le cèdre, la cabane contre le palais. »

Oui, ceux qui sont coupables ne le sont que pour s'être écartés de l'Evangile, et le Christianisme reste toujours également aimable. Les passions des hommes l'empêchent seulement d'être toujours efficace.

« Dire que la religion n'est pas un motif réprimant parce qu'elle ne réprime pas toujours, c'est dire que les lois civiles ne sont pas un motif réprimant non plus... La question n'est pas de savoir s'il vaudrait mieux qu'un certain homme ou qu'un certain peuple

(1) Chateaubriand, *Génie du Christianisme*, II, p. 285.

n'eût point de religion que d'abuser de celle qu'il a, mais de savoir quel est le moindre mal que l'on abuse quelquefois de la religion, ou qu'il n'y en ait point du tout parmi les hommes (1). »

(1) MONTESQUIEU, *Esprit des Lois*, liv. XXIV, ch. II.

XVII

LA PATRIE

Paul Bert apprend à mépriser la vieille patrie. — Comment il la représente. — Le peuple, les nobles, les rois.

Ta gloire ! oh ! puisse-t-elle, aux époques prochaines,
Croître en s'affermissant comme croissent les chênes,
Offrir l'abri superbe et l'ombre de son front,
Nation maternelle, aux peuples qui naîtront :
Afin qu'on dise un jour, selon mon espérance :
Tout homme a deux pays, le sien, et puis la France !

Henri DE BORNIER.

Bien que nous ayons pour but unique, dans la présente étude, de comparer l'enseignement de P. Bert avec le respect dû à l'Eglise et à ses doctrines en vertu du principe de neutralité, nous ne sortirons pas cependant de notre sujet en examinant de quelle manière l'*Instruction civique* présente aux jeunes Français l'idée de patrie, et quels sentiments elle prétend exciter dans les cœurs à l'égard de cette mère commune.

Le culte de la patrie est comme une partie du culte religieux. C'est une *impiété* de ne pas aimer la patrie, comme c'en est une de ne pas aimer la Religion. Ces deux choses sont à jamais réunies dans notre devise française : *Dieu et Patrie,* comme elles l'étaient autrefois dans la devise romaine : *Pro aris et focis.*

Cela est vrai surtout quand la patrie est la France. La vieille France n'a pas séparé ses intérêts de ceux de la Religion : elle nous apparaît à travers tous les âges comme la nation *très chrétienne.*

Le but véritable de l'enseignement civique et des leçons d'histoire, P. Bert le déclare dans son avant-propos (p. 6), doit être surtout de faire aimer la France.

« Ce n'est pas pour charger la mémoire de l'enfant de noms de rois *inconnus,* de dates de batailles, de récits *légendaires,* d'anecdotes *puériles* que nous avons inscrit l'histoire dans le programme primaire. C'est pour que l'histoire de France lui enseigne au prix de quelles souffrances, à travers quelles péripéties sanglantes a été constituée la Nation *(en 1789),* ont été récemment conquises la liberté civile et la liberté religieuse ; quel éclat la France a jeté sur le monde, quels hommes illustres et utiles elle a produits ; de quelles idées généreuses elle s'est toujours faite le champion ; et pour qu'il apprenne ainsi à honorer ceux qui furent grands, à vénérer ceux qui ont souffert pour le progrès et la vérité, à aimer l'état social qu'ils ont préparé, à travailler à son tour pour la défendre et l'améliorer, et aussi à haïr le fanatisme et mépriser la tyrannie. Ainsi s'échauffera dans le cœur des jeunes citoyens le culte de la patrie et de la liberté. »

L'enseignement civique est d'autant plus nécessaire en France, de nos jours, que la République est mise en danger par les écoles congréganistes. « Il y a même ici une urgence d'un caractère tout spécial ; car cet état politique et social, pour la constitution duquel tant de sang a coulé, s'il n'est presque jamais défendu, est très souvent attaqué dans nos écoles par toute une catégorie de ceux à qui la loi a donné le beau titre d'*instituteurs publics.* » (P. 7.)

Il faut apprendre aux jeunes citoyens à aimer la patrie. Mais quelle patrie?

Pour P. Bert, la patrie date de la Révolution.

Car il y a deux Frances : la France d'avant la Révolution, et la France nouvellement constituée : il faut haïr la première, et aimer seulement la seconde.

Quel blasphème! Haïr la vieille France? Est-il possible que P. Bert veuille inspirer ce sentiment à de jeunes citoyens?

Ce n'est que trop vrai : « L'histoire, dit-il, doit apprendre à l'enfant à haïr le fanatisme et à mépriser la tyrannie. » *Fanatisme et tyrannie :* ces deux mots résument pour lui la situation de notre pays avant la Révolution.

Que faut-il aimer?

« *Tout* ce que je vous ai enseigné, *tout* ce que je vous ai appris à aimer, à admirer, *c'est la Révolution qui l'a fait.* » (P. 136.)

Que faut-il haïr? Le fanatisme et la tyrannie, la vieille France que P. Bert représente comme digne de tous nos mépris.

Quelle idée, en effet, l'*Instruction civique* donne-t-elle de la France d'autrefois?

Nous savons déjà, par le chapitre précédent,

comment en parle le manuel (1) : ajoutons quelques traits à ce tableau déjà si lamentable.

« Oui, ami Jules, la liberté et l'égalité aussi, et la fraternité : rien de tout cela n'existait avant la Révolution. » (P. 134.)

« Dans ce temps-là, on protégeait les bêtes, et on tuait les gens. » (P. 140.)

« Tout cela était ruineux et *odieux*. Il y avait encore des choses ridicules et *humiliantes*... Je voudrais bien y voir le fils Dupontville, *pour rire un peu*, et lui demander des nouvelles du bon vieux temps ! » (P. 144.)

« Les plus honnêtes parmi les nobles ont rougi d'une exploitation aussi *abominable*, et, la nuit du 4 août 1789, l'Assemblée constituante décréta l'abo-

(1) « C'est un travestissement systématique de toute notre histoire passée, qui fait du livre tout entier une longue calomnie contre notre caractère national...

» Cet ancien régime qui n'a eu, Paul Bert et Compayré l'ont prouvé, ni grandeur, ni gloire, ni prospérité, ni commerce, ni industrie, il a eu pourtant, à vos yeux, quelque chose de bon ; ce sont les lois restrictives qu'il a faites souvent contre la liberté de l'Eglise et contre le clergé... Je sais que vous avez l'habitude, toutes les fois que vous rencontrez parmi les actes des Monarchies des erreurs, des excès, des abus de pouvoir, d'en faire volontiers un argument *ad hominem* contre ceux que vous supposez attachés au souvenir de ces gouvernements ; et puis ensuite de prendre ces faits exceptionnels pour modèle et d'en faire la règle habituelle de votre conduite... Nous aimons dans ces gouvernements leurs qualités ; quant aux fautes qui leur ont échappé, si vous voulez les imiter, nous vous les laissons, et nous ne vous faisons pas concurrence. » — De Broglie, discours au Sénat.

lition des droits féodaux, *c'est-à-dire* de toutes les *monstruosités* que je viens de vous dire. » (P. 144.)

« Pensez donc, dans ce temps-là, il n'y avait ni chemins de fer (!) ni routes. On ne pouvait pas faire venir du blé de loin. Ainsi j'ai trouvé dans les anciens registres de la paroisse, qu'en 1784, les récoltes ayant manqué dans tous les pays d'alentour, il est mort de faim environ cinquante personnes sur cinq cents, et qu'*on mangeait des chardons crus et* TOUTES SORTES DE BÊTES, et qu'un enfant, pressé par la faim, coupa avec ses dents un doigt à son frère qu'il avala, n'ayant pu lui arracher une limace que celui-ci avait mangée. » (P. 145 et 146.)

Une horrible gravure est insérée en cet endroit, avec cette légende : *On mangeait des* HERBES *crues* (pourquoi pas *chardons*, comme dans le texte de P. Bert?) *et toutes sortes de bêtes*. On y voit une femme en haillons, échevelée, étendue par terre, et saisissant un rat par la queue ; un paysan qui tient de ses deux mains une sorte de lézard et en dévore le ventre ; un autre à genoux qui arrache un chardon pour le manger ; un troisième qui a l'air de demander sa part de je ne sais quelle bête...

Les gravures fixent les choses dans la mémoire des enfants ; et c'est le souvenir qu'ils garderont du bon vieux temps... Gloire immortelle de nos aïeux !

« Dans les mauvaises années, jugez de la désolation : On abandonnait tout, et *l'on se sauvait dans les bois*. Les jeunes gens se faisaient soldats, ou *contrebandiers*, ou *brigands* ; les vieux et les petits mouraient de faim (malgré les chardons crus et toutes sortes de bêtes). » (P. 47.)

« C'était un véritable *enfer*. » (P. 147.)

« Les soldats (du grand Condé) ne s'en tenaient pas au pillage; ils exerçaient encore toutes sortes de cruautés. A peine parcourait-on quelque partie du chemin sans rencontrer des gens mutilés, des membres épars, des femmes coupées par quartiers, des hommes expirant sous des ruines, d'autres enfin percés de broches ou de pieux aiguisés. » (P. 150.)

« Pour bien comprendre la Révolution, il faut reprendre ce que nous avons dit, et la comparer au passé. Et vous verrez alors le mal qu'on a eu en 1789 pour en finir avec l'*horrible* bon vieux temps, et amener le régime d'*honnêteté* et *de bon sens* où nous vivons aujourd'hui. » (P. 152.)

« Le roturier était grugé par les nobles, qui passaient leur vie auprès de lui à *mendier*. (P. 154.) — Jusqu'à la Révolution, les nobles ne connaissaient que le roi, auprès duquel ils *mendiaient sans cesse* pour la plupart. » (P. 165.)

« *On pendait pour rien*, pour quelques sous volés par un domestique. » (P. 156).

« Je veux qu'on pleure sur *les millions* d'hommes qu'ont fait périr le pacte de famine, les dragonnades, les pillages, les longues misères et la faim, *pour subvenir aux amusements* des nobles, du clergé et et des rois. » (P. 162.)

« Eh bien! avais-je raison? *Tout ce dont nous jouissons* aujourd'hui, ne nous vient-il pas de la Révolution? » (P. 160.)

L'histoire d'un pays est étroitement liée à l'histoire de ceux qui le gouvernent : la gloire des rois est la gloire des nations, comme aussi les hontes du trône déshonorent la patrie tout entière.

Voyons donc ce que dit P. Bert de nos rois et de nos empereurs.

Les rois :

« Le roi faisait la loi *à sa fantaisie ou suivant ses intérêts*. La plupart des rois n'avaient *guère de sagesse ni de science*... On était excusable de faire des émeutes et des révolutions quand il n'y avait pas d'autre moyen de *forcer le roi à être raisonnable*. » (P. 77.)

« Les rois levaient des armées, se procuraient *comme ils pouvaient* de l'argent pour les habiller et les équiper, et puis ils ne s'en occupaient plus guère. » (P. 38.)

« Et tout cet argent, où allait-il ? Un tiers, la moitié tout au plus, arrivait au roi. Et le roi, qu'en faisait-il ? Ce qu'il voulait. Il donnait ce qui lui plaisait à ses parents, à ses courtisans, à ses valets. Sur un emprunt de 100 millions fait en 1785, et payé naturellement par le pauvre paysan, deux frères du roi, qui furent depuis Louis XVIII et Charles X, *volent*, l'un 25 millions, l'autre 56 millions. » (P. 148.)

« Le roi commandait souverainement à tous, *sans s'inquiéter des désirs, des plaintes de son peuple* : il gouvernait en vertu du droit divin. » (P. 159.)

« *Le roi ne savait pas plus que les nobles ce qu'est la patrie*. » (P. 153.)

Les empereurs ne sont pas mieux traités :

« Si le président de la République ne voulait pas s'en aller au bout de sept ans, il commettrait un crime abominable ; il serait un véritable *voleur*. *Ce crime-là*, qu'on appelle un coup d'Etat, *a été commis*, le 2 décembre 1851, par Louis-Napoléon Bonaparte...

Il a fait nuitamment mettre en prison les députés, puis arrêter ou *assassiner* tous ceux qui voulaient défendre la loi violée par lui. Et alors, chacun ayant peur, il s'est fait nommer empereur. » (P. 80.)

« Il vaut mieux être tué en faisant son devoir que de vivre riche et puissant après avoir violé la loi et *menti à tous ses serments* comme Louis Bonaparte. Du reste, *c'est dans leur sang*, à ces Bonapartes. Le premier a fait, au 18 brumaire, ce que le second a fait le 2 décembre. Tous deux ont mal fini, après d'effroyables et absurdes guerres, ayant épuisé la France d'hommes et d'argent. Espérons que nous ne verrons plus de *menteurs* pareils à la tête de la République. » (P. 83.)

« Retenez bien ceci : nous sommes aujourd'hui le 19 octobre ; s'il tombait devant moi, à chaque battement de mon pouls, une pièce de vingt sous, le 19 octobre prochain, au bout d'un an, cela ferait trente et un millions et demi, à peu près la solde d'un empereur. Cela coûte terriblement cher, un roi ou un empereur ! »

« La belle devise républicaine, Napoléon III l'a enlevée après le 2 décembre, et il a bien fait ; car cela jurait de parler de liberté sous un *régime de despotisme ;* d'égalité, quand il y avait un empereur et une famille impériale ; de fraternité, quand on avait commencé par fusiller les citoyens dans la rue. On l'a rétablie en 1870, après Sedan. » (P. 113.)

Conclusion :

« A quoi serviraient les empereurs ou les rois ? C'est le peuple (?) qui décide ce qu'il faut faire, et cela marche très bien ; or, eux, ils ont la prétention de savoir tout mieux que le peuple et d'avoir le droit de lui commander, comme s'ils étaient faits d'une autre pâte que lui.

» Alors, vous comprenez, ou bien ils font ce que le peuple demande, ou bien ils refusent.

» Quand ils refusent, le peuple se fâche, et il y a des émeutes, des révolutions, du sang versé.

» Quand ils obéissent, ils ne servent à rien du tout, et il vaut bien mieux obéir au président de la République, qui s'en va d'ailleurs tous les sept ans ; tandis que le roi ou l'empereur a la prétention de rester là toute sa vie, et même d'être remplacé par son fils, *quand ce serait le dernier des imbéciles* (1). » (P. 82.)

(1) Rappelons ici une promesse faite par le ministre de l'instruction publique, J. Ferry, devant le Sénat :

« L'enseignement civique n'aura pas pour but de faire pénétrer des doctrines particulières dans les jeunes intelligences confiées à nos soins. Ce ne sera pas la République obligatoire... Nous ne jetterons jamais les instituteurs dans des luttes de parti. »

XVIII

LA PATRIE

(SUITE)

Les expressions de P. Bert au sujet de la vieille patrie. — Si l'idée de patrie date de la Révolution. — Il faut honorer la vieille patrie. — Le français de P. Bert.

Il faut plaindre les peuples qui renient leur passé, car il n'y a pas d'avenir pour eux.

VIOLLET-LE-DUC.

Recueillons les expressions remarquables à l'aide desquelles P. Bert, dans les passages que nous avons cités, cherche à caractériser l'ancienne France.

La situation de notre patrie, dans ces temps de fanatisme et de tyrannie, nous est représentée comme :

Odieuse (p. 144).

Humiliante (ibid.).

Abominable (ibid.).

Monstrueuse (ibid.).

Infernale (p. 147).

Horrible (p. 152).

Sans honnêteté et sans bon sens (ibid.).

Les gens du peuple mangeaient des chardons crus et des bêtes ; « *bien rares* étaient ceux qui pouvaient manger leur saoûl de pain d'orge et d'avoine ; »

(p. 145) ; ils se trouvaient dans les bois ; se faisaient contrebandiers ou *brigands* (P. 143) ; étaient *pendus pour rien* (p. 156).

Les nobles et le clergé faisaient périr des *millions* d'hommes pour leurs amusements (p. 162).

Les rois n'étaient *ni sages, ni savants, ni raisonnables* (P. 77) ; ils commettaient des infamies (p. 145) ; ils ne gouvernaient que *selon leur fantaisie ou leurs intérêts ;* et ceux que nous avons vus depuis la Révolution n'ont pas été moins

Voleurs (p. 180 et 148).

Criminels (p. 80).

Assassins (ibid.).

Parjures (*ibid.*).

Menteurs (ibid.).

Despotes (p. 113).

Qui sait même si, à certain jour, nous n'avons pas eu pour roi *le dernier des imbéciles ?* (1) (P. 82).

Grand Dieu ! quel affreux pays !

Heu mihi ! qualis erat ! quantum mutatus ab illo !

Comment les cœurs peuvent-ils s'éprendre d'amour pour la patrie, si c'est ainsi qu'on la représente ?

Comment nos pères eux-mêmes ont-ils pu l'aimer, quand elle avait si peu d'attraits ?

Aimer la patrie ? Nos pères n'en étaient pas capables. Non, ils ne l'ont pas aimée : Paul Bert nous l'affirme.

(1) « Je conviens que dans cette matière délicate il y a des mesures à garder, des réserves à faire, une modération qui est le ton naturel et qui devrait être l'attitude habituelle de quiconque parle à la jeunesse. Oui, il faut exiler de ces livres les polémiques violentes. » — J. FERRY, *Officiel* du 1er juin 1883.

Comment, en effet, auraient-ils pu l'aimer, s'ils ne la connaissaient pas, s'ils n'en avaient pas l'idée, si cette idée de patrie date de la Révolution ?

« Ils avaient encore moins de patriotisme que de bravoure. Nous avons déjà vu dans l'histoire que Turenne et Condé se sont mis avec les Espagnols contre la France, suivant leurs intérêts.

» *Le roi ne savait pas plus que les nobles ce qu'est la patrie.* Louis XVI et sa femme, Marie-Antoinette, entretenaient une correspondance avec l'ennemi.

» Les nobles *trouvaient cette infamie toute naturelle. Pour eux il n'y avait point de patrie.* Ils ne connaissaient que le roi, qui leur permettait de piller impunément le paysan, et qui leur donnait des places et de l'argent. *L'idée de la patrie date de la Révolution*, et du premier coup elle enfante des héros. » (P. 153.)

Vanterons-nous encore la race de ceux qui ont formé la France ? que deviennent nos gloires nationales ? Pourquoi conserver les noms des Roland, des Duguesclin, des Eustache de Saint-Pierre, des Ringois, des Jeanne d'Arc, des Bayard, des d'Assas, et de tant d'autres ? Les héros sont de date plus récente.

Pour eux, s'ils se sont sacrifiés, ils ne songeaient même pas à la patrie, car cette idée date de la Révolution ; et leur gloire, touchée du doigt par l'auteur de l'*Instruction civique*, s'en va maintenant en poussière.....

L'idée de patrie date de la Révolution ?... Mais qu'on nous dise alors pourquoi les Francs écrivaient en tête de leur première loi, la loi salique, ces fières et patriotiques paroles :

« L'illustre nation des Francs a Dieu pour fondateur ; elle est puissante dans la guerre, fidèle dans la paix, profonde dans le conseil. Puisse le Seigneur des Seigneurs, puisse Jésus-Christ protéger leur royaume ! »

Si pour nos pères, « il n'y avait point de patrie, » est-ce au temps où Charlemagne, apercevant sur nos côtes les vaisseaux des Normands, se mettait à verser des larmes ?

Est-ce au temps où, le joug de l'Angleterre étant odieux à tous les cœurs, tous les bras s'armaient pour empêcher l'Anglais de régner en France ?

Est-ce au temps où Richelieu, où Louis XIV mettaient la France à la tête de l'Europe ? où Corneille écrivait : (1)

Mourir pour sa patrie est un sort plein d'appas !

Où Bossuet disait :

Il faut être bon citoyen, et sacrifier à sa patrie dans le besoin tout ce qu'on a, et sa propre vie ? (2)

L'amour de la patrie est aussi ancien que le cœur de l'homme dans lequel il est inné : voilà sa véritable date. Quelqu'indépendant que soit l'homme sur la terre, et quelque volages que puissent être ses affections, il est un coin du monde auquel il demeure toujours attaché, il est une société où le retiennent les souvenirs du passé, les besoins du présent et les espérances de l'avenir.

(1) *Œdipe*, II 3.

(2) *Politique*.

Ce qui date de la Révolution, n'est-ce pas plutôt l'insulte adressée à la patrie, et cet étrange plaisir de lui reprocher ses hontes, de les exposer aux yeux du monde, au lieu de les couvrir de ses gloires?

Qu'une mère ait eu, à certains jours de sa vie, des heures malheureuses qui compromettent son honneur, le devoir de son fils est de les faire oublier; ou si le monde en garde le souvenir, il doit les excuser avec toutes les ressources de sa tendresse.

Que fait au contraire l'auteur de l'*Instruction civique?*

Semblable à un fils parvenu qui a honte de reconnaître sa vieille mère sous les livrées d'une ancienne et pauvre condition, il rougit de la vieille patrie, il la renie de la manière la plus indigne; et il a la lâcheté d'épeler à des enfants ses misères et ses fautes pour leur apprendre de bonne heure à n'avoir pour elle qu'ingratitude et que mépris.

« Vois-tu, rappelle-toi-le bien : quiconque insulte ta patrie, insulte ta mère. » (P. 29).

Celui qui insulte la patrie, c'est P. Bert.

Elle est vieille, il est vrai, cette France de nos pères; mais n'est-ce pas sa vieillesse qui lui donne son plus beau titre à notre vénération?

« Un jour, c'était avant l'année néfaste 1870, le prince héritier du royaume de Prusse vint à Paris. On le conduisit au musée des Archives nationales, où sont conservés un grand nombre de documents relatifs à notre histoire. On lui montra la série des actes royaux remontant à Clotaire II, prédécesseur de Dagobert. « Ah! s'écria-t-il, *qu'on doit être fier d'être Français,* quand on peut lire sur un parchemin de 625 : Clotaire, roi de France ! » (1)

Pendant que P. Bert renie la vieille France, que pensent de la nouvelle nos ancêtres au fond de leurs tombeaux ? la reconnaissent-ils encore pour la véritable France, digne de ses traditions séculaires et fidèle à ses glorieuses destinées ? (2)

Mais n'imitons pas P. Bert, et ne distinguons pas deux Frances. Il n'y en a qu'une ; elle a ses jours de gloire et ses heures de deuil ; aimons son passé, travaillons à son présent, espérons dans son avenir.

Nous dirons plutôt avec M. Chesnelong :

« A Dieu ne plaise que je veuille dénigrer les gloires de notre temps ! Je suis fier de tout ce qui a contribué à la grandeur de notre pays. Mais la vieille France a fait aussi de grandes choses ; elle a fait la France elle-même, et le vrai patriotisme ne consiste pas seulement à honorer la France depuis 1789 en se désintéressant des quatorze siècles de notre glorieuse histoire ; il consiste aussi à aimer, à respecter, à admirer, à glorifier dans le noble passé de la France tous les grands caractères, toutes les grandes actions qui ont porté si haut et fait pénétrer si loin le nom et la gloire de notre patrie. » (3)

(1) Arthur Loth : Le *Livre du jeune Français* (p. 30).

(2) Apostats ! Rendez-nous notre France et son Dieu !

Eugène Roulleaux, *Britannia.*

. . . . Notre terre est sans voix :
Nous ne savons plus rien des hommes d'autrefois.

Auguste Brizeux, *Les Bretons.*

(3) Discours au Sénat, 31 mai 1883.

Et avec Monseigneur Perraud, s'adressant aux collégiens de Juilly :

« Il faut faire de vous des Français et des Français de votre temps... *Nous ne reconnaissons à personne le droit d'aimer plus que nous notre temps et notre patrie.* Nous payons, il est vrai, à un passé glorieux le tribut d'une sincère admiration, et nous ne comprenons guère un amour intelligent de la France, *biffant brutalement quatorze siècles de son histoire.* Nous n'avons pas l'infatuation de penser *(comme P. Bert),* que toute grandeur, tout progrès datent uniquement de ce siècle, sans tenir aucun compte des travaux accomplis par nos pères. »

Ces paroles étaient citées naguère par M. Camille Rousset, recevant l'illustre évêque d'Autun à l'Académie française. « Honneur à vous, Monsieur, ajoutait-il aussitôt : votre voix ne restera pas sans écho. *Nous, historiens, qui avons consacré notre vie au culte de la vérité, nous joignons notre protestation à la vôtre, et, signalant au décri public la fausse monnaie qu'on voudrait substituer à l'or pur de nos gloires nationales, nous dirons avec vous :* SALUT A LA VIEILLE PATRIE. »

Salut à la vieille patrie ! Ce sentiment, aujourd'hui, ne s'impose plus seulement comme une loi du respect ; il s'impose aussi comme une réparation. Les hommes dont P. Bert se déclare l'apologiste ont eu la témérité de ruiner de fond en comble ce vieil édifice qui était resté debout pendant quatorze siècles et qui avait résisté à toutes les tempêtes politiques. Au lieu de le réparer sagement, et de l'approprier, alors qu'il était encore solide, à nos besoins nouveaux, il l'ont renversé ; et ils ont bâti une maison nouvelle que nulle expérience n'avait vérifiée, sans savoir si elle serait conforme à nos mœurs.

Aussi qu'est-il arrivé? Depuis que nous la possédons, cette nouvelle maison politique, nous n'en avons jamais été satisfaits. « Treize fois en quatre-vingts ans, nous l'avons démolie pour la refaire, et nous avons eu beau la refaire, nous n'avons pas encore trouvé celle qui nous convient. Si d'autres peuples ont été plus heureux, si, à l'étranger, plusieurs habitations politiques sont solides et subsistent indéfiniment, c'est qu'elles ont été construites d'une façon particulière, au tour d'un noyau primitif et massif, *en s'appuyant sur quelque vieil édifice central* plusieurs fois raccommodé, mais toujours conservé, élargi par degrés, approprié par tâtonnements et rallonges aux besoins de ses habitants. Nulle d'entre elles n'a été bâtie d'un seul coup, sur un patron neuf, et d'après les seules mesures de la raison. Peut-être faut-il admettre qu'il n'y a pas d'autre moyen de construire à demeure, et que l'invention subite d'une constitution nouvelle, appropriée, durable, est une entreprise qui surpasse les forces de l'esprit humain.

» En tous cas, si jamais nous découvrons celle qu'il nous faut, ce ne sera point par des procédés en vogue. En effet, il s'agit de la découvrir, si elle existe, et non de la mettre aux voix. A cet égard, nos préférences seraient vaines; d'avance la nature et l'histoire ont choisi pour nous; c'est à nous de nous accommoder à elles, car il est sûr qu'elles ne s'accommoderont pas à nous. *La forme sociale et politique dans laquelle un peuple peut entrer et rester n'est pas livrée à son arbitraire, mais déterminée par son caractère et son passé* (1). » (TAINE, *l'Ancien régime*, préface, II.)

(1) P. Bert, si peu français dans ses sentiments, l'est aussi fort peu dans son style. Le lecteur a dû le remarquer en lisant les passages que nous avons cités.

L'auteur du manuel n'a pas voulu, ou n'a pas pu, se contenter de cette simplicité honnête qui se fait comprendre des esprits les plus incultes en les respectant : il a choisi de préférence des expressions de bas étage ; son style est souvent incorrect, parfois trivial et même grossier ; la grammaire n'en est pas toujours satisfaite, le bon goût n'en approuve pas tous les termes.

Pour qu'on ne croie pas que nous exagérons, ouvrons le manuel au hasard. Nous avons sous les yeux les pages 152 et 153, et nous y lisons les passages suivants :

« Tout cela, c'est ce qu'on appelait des maîtrises ou jurandes, que la Révolution a *aboli*. — Il fallait *abolies* : cette faute a été corrigée dans les nouvelles éditions.

— Quels généraux ! *je nous* en souhaite de pareils.

— Le noble n'allait guère à l'armée qu'en *rechignant*.

— Les régiments de nobles *où ils étaient* tous officiers ont été *rossés tout de suite* par les volontaires.

— Notez qu'il était *grugé* par les nobles. »

Ces deux pages, prises au hasard, nous le répétons, donnent une idée de ce que valent les autres ; et nous ne nous arrêterons pas à relever tant d'expressions *triviales* comme :

Manger son saoûl (p. 145).

Tourner les pouces (p. 123).

Godelureau, grand gaillard (p. 139) ; etc.

ou barbares, comme :

Seigneureries (pour seigneuries) (p. 145).

Rappelle-toi-le-bien (p. 29).

ou réprouvées par la syntaxe, comme :

L'emploi de l'indicatif pour le subjonctif. Exemple : Ils voudraient que tous les enfants *soient* traités de même, et qu'il n'y *ait* pas d'héritage (p. 123), etc.

L'emploi du singulier pour le pluriel. Exemple : Le seigneur avait un moulin banal, un four banal, un pressoir banal *auquel* on était tenu de porter son blé, sa farine, sa vendange. (P. 165.)....

Supposons charitablement que P. Bert, membre de l'Institut et professeur de la Sorbonne, préoccupé de ses travaux scientifiques, n'a pas eu le temps de donner à la composition du manuel une application suffisante.

XIX

LES ÉDITIONS *CORRIGÉES*

DES MANUELS CONDAMNÉS PAR L'INDEX

Corrections faites par Paul Bert dans les nouvelles éditions. — Ces corrections sont insuffisantes. — Toute édition nouvelle des manuels est atteinte par la censure de l'Index.

> *Je ne regarde jamais aucun de mes livres sans frémir : au lieu d'instruire, je corromps ; au lieu de nourrir, j'empoisonne ; mais la passion m'égare, et avec tous mes beaux discours, je ne suis qu'un scélérat.*
>
> J.-J. Rousseau.

Dans l'étude que nous venons de faire, nous avons eu pour but de venger le tribunal de l'Index, et avec lui ceux qui ont été l'organe de son jugement, des accusations injustes dont il a été l'objet. Pour cela, nous avons dû suivre le texte de l'*Instruction civique qui a été jugé par l'Index*, c'est-à-dire le texte des premières éditions.

Mais de nouvelles éditions ont été faites ; et personne n'ignore que P. Bert, ému de l'indignation générale qui s'était manifestée à l'apparition de son détestable manuel, a cru prudent d'en faire disparaitre certains passages.

On peut maintenant lire ces mots sur la couverture du volume :

Douzième édition, revue et *corrigée*.

Le besoin d'une bonne correction se faisait en effet vivement sentir : c'est beaucoup que l'auteur l'ait reconnu lui-même.

Une question se pose maintenant.

Puisque l'*Instruction civique* a été corrigée par P. Bert, est-ce que le décret de l'Index l'atteint encore? est-il maintenant permis de l'avoir et de la lire? les nouvelles éditions, revues et corrigées, sont-elles aussi condamnées par l'Index?

Il nous faut répondre à cette question, qui n'est du reste nullement embarrassante. Indiquons d'abord les principales corrections faites à l'*Instruction civique*.

Le titre est resté le même : L'*Instruction civique à l'école*. Seulement, pour donner plus d'autorité au scandale, P. Bert a joint à son nom les titres :

Député, Membre de l'Institut, Professeur à la Sorbonne.

Et il a ajouté cette note :

Ouvrage inscrit sur la liste des livres fournis gratuitement par la Ville de Paris à ses Ecoles ; adopté par les villes de Lyon, Bordeaux, Marseille, etc.; porté sur la plupart des listes départementales, et *honoré d'une médaille d'or* à l'exposition de Bordeaux (1882).

On a supprimé, dans l'Avant-propos, les passages que nous avons signalés pour la plupart sur la morale indépendante des croyances religieuses (1).

(1) « Former des hommes et des femmes dont l'âme fortement trempée ne subordonne pas l'idée de la morale aux croyances religieuses, et qui puissent être moraux sans avoir été ou après avoir cessé d'être croyants. » (P. 5.)

sur la patrie céleste (1), sur la nécessité de faire connaître aux femmes elles-mêmes les principes de liberté et d'égalité, sur les dangers que la France a courus sous le second Empire, sur les miracles, et sur le coup d'État dont ils donnent l'idée (2).

Le principe concernant l'obéissance due à la loi, et les expressions relatives au mariage civil, sont les mêmes que dans les premières éditions.

Rien n'a été retranché de la leçon sur la liberté de conscience. L'enfant est toujours libre de changer de religion, ou même de n'en avoir aucune, de travailler ou non le dimanche.

En cet endroit pourtant, la note suivante a été ajoutée :

« La liberté de conscience n'est pas seulement la faculté de se décider entre une religion et une autre, c'est aussi *le droit* de n'en adopter aucune et de rester étranger à toutes. »

Cette citation, preuve nouvelle que nous avons bien compris la pensée de P. Bert dans la question

(1) « Des déclamations faites dans les écoles congréganistes sur la patrie céleste, près de laquelle la patrie terrestre n'est rien. » (P. 5.)

(2) « Les sciences imprègnent profondément l'esprit des idées de règle, de loi, d'évolution, destructives des idées de caprice, de miracle, de révolution... etc. (P. 8.) Non, quand l'enfant ne croira plus aux miracles, il n'attendra plus rien du coup d'Etat, venant du pouvoir ou venant de la rue... Les deux idées sont corrélatives ; venues à la suite d'un enseignement antiscientifique, elles disparaîtront ensemble devant un enseignement scientifique. » (P. 9.)

est empruntée, paraît-il, à Vinet, Mémoire couronné par la *Société de la morale chrétienne* (1).

On n'est pas médiocrement étonné de rencontrer à la fin du chapitre IV, une leçon ayant pour titre : *Il faut être tolérant en politique*. Le lecteur sait ce qu'il faut penser de la tolérance de P. Bert en politique. L'auteur n'a pu donner cette page nouvelle, où sa manière est complètement défigurée, que pour adoucir l'effet de ses intempérances de langage.

On ne trouve plus la gravure ignoble représentant les paysans d'autrefois qui *mangent des chardons crus et toutes sortes de bêtes*.

Page 148. — Au lieu de : « Deux frères du roi, Louis XVIII et Charles X, *volent* » ; il y a : « Deux frères du roi... *prélèvent, il vaudrait mieux dire volent.* »

Page 153. — La tirade, que nous avons citée, sur le patriotisme, l'idée de patrie, et les trahisons de Louis XVI, a été supprimée. P. Bert n'ose plus dire ce mensonge injurieux, que l'idée de patrie date de la Révolution ; il n'ose plus souiller la mémoire de ce roi-martyr, qui, malgré les reproches que l'histoire pourra lui adresser, restera toujours grand par ses malheurs et par son amour pour le peuple.

Page 154. — « On achetait la justice : le plus riche avait toujours raison. » On lit, dans la dernière édition : Le plus riche avait *presque* toujours raison.

Ibid. — « Rappelez-vous le juge Dandin (dans la

(1) Evidemment la morale chrétienne ne condamne pas *la liberté de conscience* telle que l'entend l'*Instruction civique*, puisque la Société de morale chrétienne a approuvé un livre qui en contient une définition !...

comédie des *Plaideurs*) condamnait un chien aux galères pour avoir mangé un chapon : on y aurait bien condamné un homme. » Cette *supposition* a été supprimée.

Page 156. — « Je suis le lieutenant de Dieu, disait Louis XIV dans son testament ; je possède la vie et la fortune de mon peuple en toute propriété. Lorsque je prends une résolution, Dieu m'envoie son esprit. » Le journal l'*Univers*, dans son numéro du 27 avril 1881, contenait un article dont l'auteur affirmait, vérification faite aux archives nationales, que la phrase citée par P. Bert ne se trouve pas dans le testament de Louis XIV. Maintenant on ne la trouve pas davantage dans le manuel...

Page 159. — « Le roi, à son sacre, jurait d'exterminer de son royaume les hérétiques. » Ce passage est ainsi rectifié : «... Les hérétiques *nommément* condamnés par l'Eglise. »

Page 158. — La gravure relative aux dragonnades est accompagnée, dans l'édition nouvelle, d'une citation qui élève à *cent mille* le nombre des victimes.

Page 160.—« On donnait bien un peu à la porte des couvents et des châteaux ; c'était là une aumône de parade, destinée à éviter les soulèvements du peuple, que rendait furieux la misère extrême : ce n'était pas la fraternité. » — Supprimé.

Une notice sur Gambetta, *citoyen illustre*, couronne l'ouvrage. Sa *glorieuse* histoire est offerte aux enfants comme un modèle à suivre, pour leur apprendre à être *patriotes avant tout*.

Il y a quelques autres corrections ou variantes

qu'il importe peu de signaler. Plusieurs fautes de français ont disparu (1); elles avaient été fort remarquées, et reprochées avec raison à un auteur qui est membre de l'Institut.

Si P. Bert s'est censuré lui-même, soit de son propre mouvement, soit sur l'invitation de ses amis politiques, c'est que l'on voulait répondre aux Catholiques qui protestent, et qui demandent au Gouvernement d'interdire le manuel :

« Tous les passages que vous avez signalés ont disparu. Dans la nouvelle édition, il n'y a pas un seul mot qui constitue une atteinte directe ou indirecte au respect dû aux croyances de l'enfant ou des familles. » *(Paroles de J. Ferry au Sénat, le 31 mai 1883.)*

Ces corrections, remarquons-le en passant, prouvent que les condamnations de l'Index ne sont pas tout à fait inutiles, puisqu'elles mettent un auteur dans l'obligation de corriger son ouvrage condamné, pour le faire accepter.

Mais est-il vrai qu'on ait fait disparaître du manuel tout ce qui avait indigné la conscience catholique ?

Non, assurément.

La préface seule a été vraiment corrigée.

(1) On lit : S'il était venu *en tête* aux moines de vendre, au lieu de : S'il était venu *à la tête* des moines de vendre.
— Donner *les* étrivières, au lieu de donner *des* étrivières.
— Un moulin banal, un four banal, un pressoir banal *auxquels*, au lieu de *auquel*.
— *Provinces*, au lieu de *seigneureries*.
— *Beaucoup*, au lieu de *tout plein*. — Etc...

Le corps de l'ouvrage contient les mêmes erreurs et les mêmes insinuations : quelques détails seulement ont été changés.

Si donc on excepte l'Avant-propos, tous les reproches que nous avons faits au manuel sont à l'adresse des dernières éditions comme à l'adresse des premières.

L'idée générale de l'*Instruction civique* est mauvaise, antireligieuse : l'Avant-propos des premières éditions l'a déclaré. Ce ne sont pas des passages qu'il faudrait supprimer, c'est l'ouvrage entier.

Supposons qu'on vienne nous présenter un breuvage auquel était mêlé hier un poison très violent, et qu'on nous dise : Buvez en toute confiance ; le poison n'y est plus, il a été enlevé. Que ferons-nous? Serons-nous assez téméraires pour accepter la coupe qu'on nous présente? ne nous hâterons-nous pas plutôt de la rejeter avec horreur?

Ainsi, on a beau dire que le manuel a été corrigé : le poison y était répandu partout; il est impossible qu'il n'en reste plus rien.

Et comment serait-il possible de faire un livre convenable d'un ouvrage qui, suivant une expression de la *Revue des Deux-Mondes* (1er avril 1882, page 690), *respire le fanatisme et sue la haine !*

Répondons maintenant à cette question importante :

Les nouvelles éditions du manuel, revues et corrigées par P. Bert, sont-elles interdites par l'Index ?

Oui, *toutes les éditions de l'*Instruction civique *sont condamnées par l'Index.* Cela n'est par douteux : les règles de l'Index sont formelles sur ce point.

Les décrets de l'Index sont rendus en ces termes :

« La S. Congrégation préposée par le Saint-Siège, pour toute la République chrétienne, à la condamnation, à la correction et à la permission des livres mauvais, a condamné et condamne les ouvrages suivants... Ainsi donc que personne, quel que soit son rang, quelle que soit sa condition, n'ait la présomption de faire à l'avenir des éditions de ces livres proscrits, en quelque lieu et en quelque langue que ce soit, ou de lire et garder ces éditions (1). »

Par conséquent, lorsqu'un livre est prohibé dans une langue, il est prohibé dans toutes les traductions qui peuvent en être faites, et dans toutes les éditions qui peuvent en être publiées ; alors même que l'éditeur y joindrait des notes propres à réfuter les erreurs que renferme le livre (2).

Si un livre n'est pas jugé mauvais quant au fond, mais seulement pour quelques détails, l'intention de l'auteur étant bonne, il arrive parfois que la Congrégation de l'Index le condamne temporairement avec cette clause : *Donec corrigatur*, jusqu'à ce qu'il soit corrigé. Dans ce cas, personne n'a le droit de le corriger d'après son jugement privé : c'est à la Congrégation seule qu'il appartient d'y faire les

(1) *Itaque nemo cujuscumque gradus et conditionis prædicta opera damnata atque proscripta quocumque loco et quocumque idiomate, aut in posterum edere, aut edita legere vel retinere audeat.*

(2) *La Congrégation de l'Index mieux connue et vengée*, par l'ancien évêque de Luçon (Mgr Baillès), 1866.

corrections jugées nécessaires, ou de déclarer si elles sont suffisantes (1).

Quand l'ouvrage parait suffisamment corrigé, la Congrégation permet d'en faire une nouvelle impression, mais ordinairement à la condition que ces mots, ou d'autres analogues, soient imprimés en tête : *Avec une correction approuvée par la Congrégation de l'Index.*

L'*Instruction civique* est donc toujours interdite. Non-seulement P. Bert n'a pas soumis sa correction au jugement de l'Index, mais il n'a pas même le droit de recourir à cette ressource, puisque son livre a été condamné d'une manière absolue : et désormais, quelques changements que l'on fasse à l'*Instruction civique*, quelque nouveau titre qu'on lui donne, cet ouvrage sera toujours atteint par la condamnation de l'Index (2).

(1) *La Congrégation de l'Index mieux connue et vengée*, par l'ancien évêque de Luçon (Mgr Baillès), 1866.

(2) Cela est également vrai, pour la même raison, des éditions nouvelles des autres manuels condamnés par l'Index.

XX

UN MAUVAIS LIVRE.

Résumé de nos observations sur l'*Instruction civique* de Paul Bert. — L'Eglise a eu raison de condamner ce manuel, et les Catholiques ont le droit et le devoir de le repousser. — Instructions données aux Catholiques par les Evêques.

Un grand nombre de fidèles qui avaient autrefois excercé la magie, apportèrent ensemble leurs livres et les brulèrent devant tout le monde.

Actes des Apôtres.

Nous avons parcouru l'*Instruction civique* de Paul Bert, et nous avons prouvé, sans exagérer nos conclusions, que le manuel contient plusieurs principes complètement réprouvés par la Religion catholique dont ils offensent la doctrine et la morale ; qu'il expose l'histoire de manière à inspirer, à l'égard de l'Eglise, des sentiments de défiance et de mépris ; que partout enfin il traite le Catholicisme en ennemi (1) : d'où l'on a pu dire avec raison qu'*il respire le fanatisme et sue la haine.*

(1) Gambetta avait dit : *Le Cléricalisme, voilà l'ennemi* ; formule hypocrite, faite pour désigner de prétendus excès du parti catholique.

P. Bert a parlé avec plus de franchise. Il disait, dans la conférence qu'il a donnée à Lyon :

« Il est un ennemi redoutable qui ramasse, rassemble.

Paul Bert désire qu'on apprenne aux citoyens à se passer de la Religion, à être moraux sans être religieux ou après avoir cessé de l'être (1).

Il affirme que le miracle est incompatible avec la science, et que cette idée antiscientifique disparaîtra devant un enseignement scientifique.

Il prétend même que l'idée de miracle a pour conséquence l'idée corrélative de coup d'Etat ; que le citoyen ne songera plus à celui-ci quand il ne croira plus à celui-là ; d'où il résulte qu'en attendant, la croyance au miracle est un danger pour la société.

Il veut qu'on obéisse à la loi, même quand on la trouve mauvaise, sans distinguer ce que la conscience peut permettre de ce qu'elle défend toujours.

Quoique, pour les Catholiques, il n'y ait de vrai mariage que celui qui se célèbre devant le prêtre, il affirme que c'est devant le maire qu'on se marie.

Non-seulement il a l'imprudence de bien faire remarquer aux enfants qu'ils sont libres, devant la loi, de changer de religion, ou même de n'en avoir aucune, de travailler ou non le dimanche ;

revivifie les débris des partis vaincus, et les tient dans sa main pour les lancer à l'assaut de la liberté. *Cet ennemi, c'est l'Eglise catholique, c'est le parti clérical.* »

A la bonne heure ! Cette déclaration sincère ne vaut-elle pas mieux que la vaine distinction entre le *Cléricalisme* et le *Catholicisme ?*

(1) C'est cette même idée que P. Bert exprimait au Cirque d'Hiver, le 23 août 1881 :

« Les religions, disait-il, n'ont pas de qualité pour parler de morale... Plus les sociétés s'acheminent vers la morale, plus elles s'éloignent de la religion. »

mais encore il représente cette liberté comme un droit de la conscience elle-même.

Pour lui, la meilleure situation possible n'est pas celle où le mensonge doit craindre l'autorité, mais plutôt celle d'un Etat où toutes les opinions, toutes les erreurs, tous les cultes, peuvent librement se produire au grand jour.

En attribuant à l'ancienne France, dont il trace un tableau mensonger, les vices de la barbarie et de l'état sauvage, il fait entendre que la Religion chrétienne, qui a présidé à son développement, ne porte pas dans son sein des éléments de civilisation répondant pleinement aux besoins de l'humanité; et que cette Religion doit désormais céder la place à la raison humaine heureusement émancipée : c'est la négation de sa divinité.

La patrie que nous devons aimer, d'après P. Bert, c'est la Révolution qui l'a faite : la vieille France ne mérite que notre réprobation.

Dans les dernières éditions qu'il a données de son manuel, P. Bert n'a fait disparaitre que quelques-unes de ses erreurs. La plupart sont restées, et l'esprit général est toujours mauvais. Dans tous les cas, les dernières éditions sont interdites par l'Index aussi bien que les premières, d'après les règles de cette Congrégation.

Tel est le résumé des observations concernant l'*Instruction civique*, que nous avons développées dans notre ouvrage.

Tout esprit juste et impartial, qui voudra bien les prendre en considération, conviendra certainement que cette *parfaite orthodoxie* du manuel, qu'on a osé affirmer en plein Sénat, n'est qu'un leurre ou une grossière illusion.

Ce livre est au contraire *parfaitement hétérodoxe*, c'est-à-dire en contradiction avec nos principes religieux ; et nous avons raison de le traiter comme un mauvais livre.

Dangereux en lui-même, il le sera bien plus encore, s'il est expliqué par un maître pénétré lui-même des sentiments de l'auteur.

Supposons, en effet, que l'instituteur soit disciple fidèle de P. Bert, ce qui, par le temps qui court, ne saurait nuire à son avancement ; supposons qu'il ait lu et compris l'Avant-propos, écrit tout particulièrement pour lui ; qu'il regarde la Religion comme une chose inutile à la bonne morale ; qu'il la tienne pour dangereuse à la société ; qu'il la croie appuyée sur des fondements ruineux et minés par la science, comme le sont les miracles : comment fera-t-il son *cours* d'instruction morale et civique ?

Quand l'élève lira dans son manuel les paroles suivantes : « Mes enfants, vous êtes entièrement libres ; vous pouvez, si vous le voulez, travailler ou non le dimanche, changer de religion ou même n'en avoir pas du tout, » et que l'enfant, étonné de ce langage, regardera le maître, attendant une explication, quel commentaire pense-t-on que le maître veuille ajouter au texte ?

Lorsque l'enfant, dont la curiosité sera vivement excitée par les gravures, demandera qu'on lui explique certains détails de ces gravures qu'il ne comprend pas, ce curé qui demande la dime (p. 142), ces moines « gros, gras et paresseux, » dit le texte

(p. 138), (qu'on nous pardonne de citer !) ce religieux dominicain qui figure dans les Dragonnades près des arbres où sont pendus les protestants (p. 158), que répondra l'instituteur qui, avec P. Bert, regarde la religion comme une ennemie?

Quelque modérées que nous supposions ses explications, il nous est impossible de croire qu'elles n'aideront pas le livre à faire pénétrer dans l'âme de l'enfant une funeste défiance vis-à-vis de l'Eglise catholique, et à le préparer à abandonner la foi, la pratique religieuse surtout, au jour où il croira vraiment à sa liberté, et où ses passions seront gênées par le joug de la Religion.

Voilà ce que vaut l'*Instruction civique* de P. Bert, et l'Eglise aurait fermé les yeux sur l'introduction de ce manuel dans les écoles? Elle aurait laissé la coupe et le poison entre les mains de ces enfants, dont elle doit nourrir les âmes avec les paroles de la vie éternelle?

Non : toute société légitime a le droit de se défendre contre une force étrangère qui ébranle ses fondements, qui met en péril ses principes essentiels; et l'Eglise catholique, la plus grande et la plus nécessaire des sociétés, qui existe de droit divin, a bien le droit d'interdire à ses fidèles la lecture d'un livre pervers, capable de ruiner les principes chrétiens dans les âmes les plus délicates et les moins en garde contre la corruption.

Que P. Bert méprise les jugements de l'Index; que, malgré la condamnation dont son manuel a été flétri, il en fasse encore de nouvelles éditions; qu'il réponde par de mauvaises plaisanteries aux graves sollicitudes de l'Eglise, et s'écrie dans ses discours :

« Les foudres du pape sont allées rejoindre au magasin des accessoires celles de Jupiter (1). »

Nous ne saurions nous étonner de cette attitude : Luther en faisait autant, et l'histoire de l'Eglise nous a appris les mœurs des ennemis de la Religion.

Mais nous, Catholiques, nous nous souvenons que l'affaire la plus sérieuse qui soit au monde, c'est le salut des âmes, et, par conséquent, la conservation des vérités et des vertus par lesquelles il s'opère ; et nous protestons contre ce qui les atteint et les compromet. Nous sommes pleins de confiance, parce que le droit des âmes est le premier des droits, et parce que la force de l'Eglise est la première des forces. Si les persécuteurs ne rencontrent que des hommes sur le terrain politique, ils doivent savoir que sur le terrain religieux il faut compter avec l'Eglise.

Nous protesterons, nous résisterons tant qu'il sera nécessaire, partout où l'on violera notre droit, partout où l'on opprimera nos consciences.

« Quels que soient vos sentiments contre la Religion, est-ce que vous avez le droit de nous les imposer ? est-ce que vous avez le droit de vous placer entre les prescriptions de l'Eglise et notre conscience, d'intercepter ces prescriptions, et de nous réduire à cette alternative de résister à votre loi ou de trahir notre foi ?

» En d'autres termes, est-ce que vous avez le droit de nous traiter en esclaves parce que nous sommes

(1) *Conférence de Lyon.*

Catholiques, et de nous imposer ce que notre foi nous défend ?

» Non, mille fois non !... Vous n'avez pas ce droit. Quand vous faites cela, vous êtes la tyrannie abusant de la force, et nous, qui vous résistons légalement, mais qui vous résisterons toujours, qui ne consentirons jamais, entendez-le bien, à laisser mettre dans les mains de nos enfants les livres contraires à notre foi, nous sommes le droit, le droit imprescriptible, luttant contre l'oppression (1). »

Et ne l'oublions pas, ce n'est pas seulement le droit de la liberté que nous avons pour nous, c'est encore le droit légal, le droit que nous donne la loi même de la neutralité, le droit qu'on ne peut nous refuser tant qu'on nous traitera en citoyens français.

La loi prescrit la neutralité religieuse, et le Gouvernement s'est engagé à la faire respecter.

Or, les manuels censurés par l'Index violent la neutralité : nous l'avons prouvé, et c'est uniquement parce qu'ils la violent que l'Eglise, le seul juge compétent en cette affaire, les a condamnés.

Donc, d'après la loi, les manuels en question doivent disparaitre de l'école.

Nosseigneurs les Evêques, à qui incombe tout d'abord le devoir de la défense, et à qui appartient aussi la direction du mouvement catholique, on tracé la ligne de conduite que les Catholiques doivent suivre.

Son Eminence le cardinal Guibert, archevêque de

(1) Discours de M. Chesnelong, au Sénat.

Paris, a adressé aux prêtres de son diocèse les instructions suivantes :

« En présence des faits que je viens de rappeler, nous avons des devoirs à remplir :

» 1° Dans les écoles libres, qui doivent à leur caractère privé le privilège de rester des écoles chrétiennes, il faut proscrire l'usage des livres condamnés par l'Index, ou qui pourront être condamnés dans la suite. Vous veillerez avec soin à ce que ces ouvrages ne soient pas introduits dans les écoles libres de votre paroisse.

» 2° Dans les écoles qui ne dépendent pas de vous, c'est à la conscience des instituteurs que vous devez vous adresser. Le mot laïque, quoi qu'on dise, n'est pas la négative du nom de chrétien. La plupart des instituteurs laïques, dans notre pays, appartiennent à la religion catholique. Quand vous les trouverez disposés à écouter vos conseils, vous les détournerez de l'usage des livres dont il s'agit.

» 3° Si les instituteurs ne tenaient aucun compte de vos avis, c'est aux parents que vous devriez montrer le danger et rappeler leurs devoirs, soit dans les relations que votre qualité de pasteur vous permet d'entretenir avec eux, soit quand ils viennent recevoir vos avis au saint tribunal. Vous n'auriez alors qu'à faire, aux cas particuliers qui se présenteraient, une application sage et éclairée des règles de la théologie touchant l'obligation d'éviter les occasions de péché. »

Monseigneur l'évêque de Luçon développe de la

manière suivante ces devoirs des parents dont parle l'archevêque de Paris :

« Notre Saint Père le Pape Léon XIII (1), tout en réprouvant la *neutralité*, déclare qu'il est permis de fréquenter les écoles *neutres*, mais seulement dans certains cas, par nécessité des temps et des circonstances, sous la condition préalable d'éloigner tout danger prochain de perversion. D'où nous concluons qu'on ne peut subir cette dure nécessité sans un motif grave *et l'absence de toute occasion prochaine de perversion* pour les enfants....

» Si des raisons d'ordre majeur vous obligent à diriger vos enfants vers une école *neutre*, la conscience vous fait un devoir de choisir les écoles congréganistes, ou certaines écoles laïques qui vous offriraient, du côté des maîtres, une entière sécurité. Encore n'est-ce qu'une simple tolérance, puisque la *neutralité* est mauvaise par elle-même.

» A défaut de raisons d'ordre majeur, il y a un devoir strict de conscience de choisir l'école libre, s'il s'en trouve quelqu'une dans le voisinage, ou si les ressources matérielles vous permettent d'éloigner vos enfants, afin de leur procurer l'inappréciable bienfait d'une éducation chrétienne. Les sacrifices ne sauraient vous arrêter, quand il s'agit de l'âme de vos enfants, et, par suite, de vos intérêts les plus sacrés. La négligence, dans une matière aussi grave, vous exposerait à cet anathème du Sauveur : Malheur à celui qui scandalise un des petits enfants qui croient en moi ; mieux vaudrait qu'on suspendît à son cou

(1) Allocution du 20 août 1880.

une meule de moulin et qu'on le précipitât dans les profondeurs de la mer (1).

» L'école officielle peut cesser d'être *neutre,* pour devenir *hostile,* et malheureusement nous ne sommes que trop autorisé à admettre une semblable supposition : ce qui s'est passé dans certaines conférences pédagogiques, où l'on aurait attaqué ouvertement l'Eglise et le clergé ; ce qui s'est passé dans certaines écoles, où les maîtres auraient fait déchirer ou brûler publiquement le catéchisme ; la diffusion d'images et de *manuels qui blessent profondément nos convictions religieuses;* le langage des journaux ; quelques interpellations parlementaires; tout donne lieu de craindre que l'école, qui doit être *neutre* en principe, ne soit très souvent *hostile* en réalité.

» Dans cette triste situation, il faut par dessus tout sauvegarder la foi de vos enfants; pour cela, dénoncer le caractère irréligieux de l'enseignement qui leur est donné ; et si vous ne pouvez obtenir que la loi soit respectée, retirer vos enfants de l'école impie. Rien ne doit vous arrêter, ni considération humaine, ni intérêts. C'est le moment de répéter la parole de Notre-Seigneur Jésus-Christ · Heureux ceux qui souffrent persécution pour la justice, le royaume des cieux leur appartient....

» Ainsi, vous le comprenez, l'école *neutre,* même dirigée par des maîtres, qui personnellement méritent votre confiance, ne peut être fréquentée que pour de graves motifs, et à défaut d'un établissement où la religion soit la base de l'éducation. D'autre part, envoyer vos enfants dans une école *hostile* ou impie

(1) Math., XVIII. 6.

serait un crime dont vous rendriez compte devant Dieu (1). »

S'il est vrai que la République n'est pas nécessairement en France un gouvernement antireligieux, qu'elle le prouve par les faits, en respectant la Religion et en protégeant les consciences.

C'est assurément son intérêt.

« Il est des hommes, dit un penseur, M. de Tocqueville, qui voient dans la République un état permanent et tranquille. Quand ceux-là attaquent les croyances religieuses, ils suivent leurs passions et non leurs intérêts. C'est le despotisme qui peut se passer de la foi, mais non la liberté. La Religion est beaucoup plus nécessaire dans la République qu'ils préconisent que dans la Monarchie qu'ils attaquent, et dans les républiques démocratiques que dans toutes les sociétés. Comment la société pourrait-elle manquer de périr, si, tandis que le lien politique se relâche, le lien moral ne se resserrait pas. ? *Et que faire d'un peuple maître de lui-même, s'il n'est pas soumis à Dieu ?* »

(1) Lettre de Mgr l'Evêque de Luçon sur la fréquentation des écoles primaires, 10 août 1882.

XXI

LES CIRCULAIRES MINISTÉRIELLES DU 19 NOVEMBRE 1883

Les révolutions modernes étant doctrinales ne finiront pas, comme celles de l'antiquité, par un homme ou un accident : elles ne finiront que par une doctrine. Or, le christianisme est une doctrine... Semez l'Evangile dans les malheurs publics. Il y germera tôt ou tard.

LACORDAIRE.

§ I — Insuffisance de ces circulaires.

Le 31 mai 1883, le ministre de l'instruction publique (1), interpellé au Sénat par M. le duc de Broglie à l'occasion des manuels d'instruction morale et civique qui violent la neutralité religieuse de l'école, s'é[illegible] solennellement engagé à prendre des mesures efficaces pour mieux assurer le respect de la neutralité. Dans ce but, il promettait de modifier le décret d'avril 1880, relatif à la liberté accordée aux instituteurs pour le choix des livres scolaires. Voici ses propres paroles :

(1) M. J. Ferry, en même temps président du conseil des ministres.

« Je suis tout à fait résolu, disait-il, à proposer au Conseil supérieur, dans la prochaine session, une disposition complémentaire du décret d'avril 1880. *Il sera établi* que l'inscription des manuels d'instruction civique et des manuels de morale sur la liste des livres destinés aux écoles primaires publiques ne sera définitive *que lorsque ces manuels auront passé sous les yeux du ministre et de la section permanente du Conseil supérieur... J'aurai le droit de les interdire* lorsque la décision du conseil supérieur et le décret qui a eu pour conséquence d'enlever au Conseil supérieur *un droit qui lui était naturel,* mais qui lui a été retiré, auront été modifiés dans la forme régulière. A la prochaine session de juillet (1), le décret sera donc complété comme je l'ai dit. »

D'après ce langage, l'intention évidente du ministre, au 31 mai 1883, était de se réserver, en modifiant un décret, le droit d'approuver et d'interdire les manuels. Nous devions même espérer que, dans l'examen des manuels, il saurait se mettre consciencieusement au point de vue de la neutralité, pour approuver les ouvrages qui la respectent et interdire ceux qui la violent (2).

(1) En citant ces paroles, à la fin du chapitre I, nous nous plaignions de l'inexécution de la promesse qu'elles contiennent. Les circulaires ministérielles, qui en sont le résultat, ont paru en novembre seulement, pendant que notre ouvrage était en cours d'impression.

(2) Nous avons prouvé plus haut que ce n'est point à un ministre, mais à l'Eglise seule qu'il appartient de juger un ouvrage au point de vue de l'orthodoxie.

Il assumait ainsi une grande responsabilité, tant vis-à-vis des Catholiques, dont il faudrait respecter les croyances, que vis-à-vis des amis politiques dont il importerait de ménager les livres et de ne pas trop contrarier les vues.

Mais alors cette responsabilité ne l'effrayait pas.

« Je sais, ajoutait M. Ferry, que ce nouveau mode, que cette nouvelle procédure imposera à l'administration et au Gouvernement de nouvelles responsabilités ; *nous ne reculons pas devant elles,* nous croyons, en revanche, trouver là le moyen assuré de rétablir, en ces matières délicates, la paix qui est le bien de tous, la paix que nous voulons, que nous désirons et que nous aurons, malgré ceux qui cherchent à la troubler. »

Nous attendions impatiemment l'effet de ces promesses, et aujourd'hui nous trouvons du mécompte. Le Gouvernement n'a pas voulu prendre ce qu'il appelait « un moyen assuré de rétablir la paix, » la paix qu'il ne veut pas apparemment, et que nous n'aurons pas tant qu'elle sera troublée par l'oppression des consciences.

Il a reculé devant des responsabilités qu'il acceptait résolument au mois de mai.

Il n'a point voulu se réserver, comme il nous l'avait annoncé, le droit trop embarrassant de juger les manuels pour les approuver ou pour les interdire.

Et ce qui est encore plus étrange et plus triste, c'est que, en nous payant de belles paroles, il ne prend aucune précaution sérieuse pour garantir plus sûrement le respect de la neutralité.

Voici en effet la décision prise au ministère de l'instruction publique, d'après la teneur de la circulaire du 19 novembre 1883 :

« Dans l'un des derniers débats parlementaires auxquels a donné lieu la question des manuels d'instruction morale et civique je répétais la déclaration *que j'ai souvent faite*, à savoir que cette partie de notre enseignement exigeait une réserve absolue et *le souci le plus scrupuleux* de la neutralité religieuse ; j'annonçais aussi, parmi les *diverses mesures* que je croyais devoir prendre, l'intention de consulter le Conseil supérieur sur les dispositions qu'il y avait peut-être lieu d'ajouter à l'arrêté du 16 juin 1880, *pour garantir plus sûrement encore ce respect de la neutralité.* »

« Dès le mois de juillet dernier, j'ai saisi de cet important objet la section permanente, à laquelle il appartient, suivant le texte de la loi, « d'étudier les projets de règlements avant qu'ils soient soumis à l'avis du Conseil supérieur ». Après de longues délibérations, la section permanente a émis l'avis que les seules modifications à apporter au régime actuellement en vigueur, quant au choix des livres scolaires, étaient d'ordre administratif, et ne touchaient en rien au principe même de l'arrêté du 16 juin ; qu'il appartient au recteur, sous l'autorité du ministre, de veiller à l'organisation des conférences cantonales et à la bonne direction de leurs travaux (?), et qu'enfin *le redoublement de précautions* PROMIS PAR LE GOUVERNEMENT *pour assurer la neutralité s'exercerait plus efficacement sous la forme de prescriptions directes du ministre et par voie de circulaire* (1), que par l'addition de dispositions nouvelles au texte même du règlement (2). »

Ainsi, rien n'est changé au texte même du règlement (3) : le Gouvernement ne veut point avoir à

(1) « Si on a mis Dieu dans le programme de l'enseignement primaire, disait un membre de la Commission, c'est qu'il sera plus aisé, en choisissant un bon moment, de le faire sortir d'un programme que d'une loi. » — De même, quand il ne plaira plus au Gouvernement de protéger la neutralité, il sera bien plus facile de changer, s'il en est besoin, l'attitude du ministère, que de modifier un règlement.

(2) Circulaire adressée aux recteurs et aux préfets. C'est apparemment le dernier mot de M. J. Ferry dans la question des manuels, puisqu'il a composé les circulaires en question au moment de quitter le ministère de l'instruction publique pour prendre le portefeuille des affaires étrangères.

(3) Voici le texte de ce règlement, d'après l'arrêté du 16 juin 1880 :

« Art. 1er. — Il est dressé, chaque année et dans chaque département, une liste des livres reconnus propres à être mis en usage dans les écoles primaires publiques élémentaires et supérieures.

» Art. 2. — A cet effet, les instituteurs et institutrices titulaires de chaque canton, munis du brevet, réunis en conférence spéciale, établissent, au plus tard dans la première quinzaine du mois de juillet, une liste des livres qu'ils jugent propres à être mis en usage dans les écoles primaires publiques.

» Art. 3. — Toutes les listes ainsi dressées sont transmises à l'inspecteur d'académie. Une Commission, siégeant au chef-lieu du département, et composée des inspecteurs primaires, du directeur et de la directrice des écoles normales et des maîtres adjoints de ces établissements, réunis sous la présidence de l'inspecteur d'académie, revise les listes cantonales et arrête le catalogue pour le département. »

juger les manuels d'instruction morale et d'instruction civique; le choix définitif de ces livres appartiendra encore, comme par le passé, aux conférences pédagogiques.

Mais quel est ce « redoublement de précautions promis par le Gouvernement, » et que le ministre va « exercer sous la forme de prescriptions directes, pour assurer plus efficacement la neutralité? »

Car c'est bien le but que se propose, ou du moins qu'annonce M. J. Ferry, dans ses deux circulaires du 19 novembre 1883. L'une, adressée aux recteurs et aux préfets, fait connaître le droit nouveau des instituteurs dans le choix des manuels. L'autre, adressée aux instituteurs eux-mêmes, « concerne, dit le ministre, les mesures à prendre et les efforts à faire pour mettre la neutralité religieuse dans son vrai jour et à l'abri de toute atteinte ».

Ce redoublement de précautions, nous en cherchons vainement les traces. Les circulaires ministérielles, sous ce rapport, sont absolument dérisoires, et l'on semble se jouer des espérances que nous avions pu concevoir à la suite des engagements pris par le Gouvernement.

Deux choses, dans ces instructions nouvelles, ressemblent à des mesures prises pour assurer la neutralité : la recommandation faite aux instituteurs d'être d'une grande discrétion en tout ce qui peut effleurer les sentiments religieux (1); et la liberté entière qui leur est accordée de choisir sur une

(1) Circulaire adressée aux instituteurs.

liste générale les manuels d'éducation morale et civique (1).

Ces mesures ne peuvent avoir aucune efficacité nouvelle pour garantir la neutralité ; au contraire.

Le ministre recommande très chaudement aux instituteurs le respect des croyances religieuses. Il a parfaitement raison : mais il l'avait déjà fait ; il avait déjà qualifié de crime la violation de la neutralité ; il avait annoncé que les coupables seraient punis sévèrement. Le texte même de la loi exige la neutralité religieuse.

Ces prescriptions, le ministre l'a reconnu, ont été insuffisantes ; quel peut être l'effet d'un conseil donné dans une circulaire, quand la loi ne suffit pas, et que les menaces sont inutiles? Ce ne sont que des paroles de plus : autant en emporte le vent.

Et que penser de cette liberté nouvelle accordée aux instituteurs, de choisir les manuels sur une liste générale (2)?

(1) Circulaire adressée aux recteurs et aux préfets.

(2) Voici les termes de la circulaire :

« Il importe, dit le président du conseil aux recteurs, que, en pareille matière, la plus grande liberté de choix soit donnée aux instituteurs, et qu'elle leur soit également assurée sur tous les points du territoire. Aussi, après avoir fait relever les titres de tous les ouvrages inscrits dans cette série, et après avoir pris connaissance des observations de MM. les recteurs, ai-je jugé utile *de fondre en une seule liste*, plus étendue et plus compréhensible, *celles des divers départements*. Par ce moyen, *il n'y a pas un instituteur en France qui ne soit libre de choisir entre tous les manuels* qui ont obtenu, ne fût-ce que dans une seule académie, le suffrage de ses collègues. »

Ainsi, tout le changement introduit par le ministre dans le

A-t-on exclu de cette liste les livres qui ont soulevé les protestations des Catholiques, et qui semblaient devoir disparaître des écoles ?

Point du tout : nous y retrouvons les quatre manuels condamnés par l'Index et par l'Épiscopat français, et d'autres qui ne sont pas conformes au programme, puisqu'ils ne parlent pas des devoirs envers Dieu.

Ainsi, le ministre commet cette contradiction énorme : Vous devez respecter la neutralité, dit-il aux instituteurs; mais vous pouvez, si vous le voulez, prendre, par exemple, le manuel de Paul Bert, pour en faire un des livres de lecture habituelle de la classe.

Assurément, il ne recommande pas de choisir le manuel Paul Bert plutôt que les autres : il s'en garde bien. Il ne dit pas non plus de donner la préférence à ceux qui respectent vraiment la neutralité : il ne l'ose pas. Il donne une entière liberté : voilà le sens le plus clair, le mieux défini de ses paroles. « Il importe, en pareille matière, que la plus grande liberté de choix soit donnée aux instituteurs, et qu'elle leur soit assurée également sur tous les points du territoire. »

Mais si les instituteurs sont libres de faire des manuels réprouvés par tous les Catholiques des livres de lecture habituelle dans la classe, rien n'a

droit de l'instituteur consiste en ce qu'il peut maintenant choisir les manuels de morale et d'instruction civique dans la liste générale de tous les départements; tandis qu'avant la circulaire ministérielle, il ne pouvait les choisir que sur le catalogue arrêté pour son département.

été changé à la situation dont M. de Broglie s'est plaint avec éloquence au Sénat (1); aucune satisfaction ne nous a été donnée; et les consciences chrétiennes seront encore opprimées.

Eh quoi? vous avouez qu'il y a des précautions à prendre pour assurer le respect de la neutralité (2); vous vous engagez à les prendre; et au moment d'accomplir votre promesse, vous vous dérobez, et vous essayez de vous dégager, par un expédient trompeur, d'un devoir que vous avez solennellement reconnu?....

La liberté des instituteurs d'imposer de mauvais manuels, loin d'être restreinte par les circulaires ministérielles, devient au contraire plus étendue : car dans les départements qui n'auraient point inscrit, sur leur catalogue des ouvrages scolaires,

(1) « Vous n'imposez pas vous-mêmes de livres, mais vous permettez à l'instituteur d'en choisir un, puis de l'imposer à l'élève, et, par l'élève, aux parents. Vous n'imposez rien directement; mais l'instituteur impose à l'élève l'usage d'un manuel... J'ai ici, sous la main, plus de dix sentences de Commissions scolaires qui ont condamné des pères de famille pour avoir refusé d'accepter certains livres de la main des instituteurs. » — Discours au Sénat, le 31 mai 1883.

(2) « J'ai constaté, et *il faudrait véritablement être un aveugle volontaire pour ne pas le reconnaître,* que cet état de choses ne peut être maintenu, qu'il y a des mesures à prendre, que des précautions s'imposent...

» Je n'hésite pas à dire qu'au point de vue de notre responsabilité comme de nos engagements, et l'événement le prouve, dans l'intérêt de la paix des esprits, il faut, en ce qui concerne les manuels d'éducation morale et civique, prendre quelques précautions de plus. » — Discours de M. J. Ferry, au Sénat, le 31 mai 1883.

les manuels condamnés par l'Index, les instituteurs auront désormais le droit de choisir ces manuels pour la classe (1).

Une autre conséquence fâcheuse des *précautions nouvelles* prises en faveur de la neutralité, c'est que, malgré l'indifférence calculée dont le ministre semble faire parade en parlant des manuels, ces ouvrages, grâce à la publication officielle, ont l'air d'être patronnés par le Gouvernement lui-même. Les manuels de Paul Bert et de Compayré ne nous apparaissent-ils pas comme revêtus maintenant d'un caractère quasi-officiel ? Ne dira-t-on pas : Ce sont les manuels du Gouvernement, puisqu'il n'est pas permis de se servir de manuels non inscrits sur la liste du Gouvernement ?

Tout au moins, en admettant sur cette liste des livres qu'il a défendus devant le Sénat comme étant absolument inoffensifs et innocents, le ministre

(1) C'est ce qui arrive dans le département de la Vendée. Dans ce département, en effet, d'après une déclaration formelle du préfet au Conseil général, session d'août 1883, il avait été défendu aux instituteurs de mettre entre les mains de leurs élèves les manuels de Paul Bert et de Compayré. « M. le préfet, lit-on dans le compte-rendu officiel, *dit qu'il a défendu aux instituteurs* de mettre ces manuels entre les mains des élèves, mais que la liberté des pères de famille est entière à cet égard »

M. le préfet *a défendu* l'usage de ces manuels (nous ne comprenons pas de quel droit, si ce n'est au nom de la Commission départementale désignée par l'article III du 16 juin 1880), mais M. le ministre vient de le *permettre* par sa circulaire, aux termes de laquelle « *il n'y a pas un instituteur en France* qui ne soit libre de choisir entre tous les manuels » de la liste générale.

affirme implicitement qu'il n'y a point lieu, à son avis, d'interdire ces manuels, puisque, en fait, il ne les interdit pas (1), malgré son prétendu souci de la neutralité.

Il s'en faut donc de beaucoup que les Catholiques puissent faire un bon accueil aux circulaires ministérielles relatives à l'enseignement de la morale dans les écoles primaires. Bien loin de leur donner la légitime satisfaction qu'ils avaient réclamée et qui leur avait été promise, on consacre encore la liberté de l'oppression. Et le trouble, sans doute, ne fera que s'accroître, puisque la neutralité religieuse de l'école se trouve aujourd'hui moins protégée que jamais.

(1) Le ministre reste fidèle à l'attitude qu'il a prise au Sénat, dès la première fois qu'il y fut interpellé au sujet des manuels.

« Il soutint qu'il n'avait pas à connaître des livres qui étaient introduits dans les écoles ; que, ne les ayant pas autorisés officiellement, il n'avait à prononcer à leur égard ni approbation ni improbation... Pressé par nos questions, il finit par cette affirmation très nette : Je n'interdirai pas le livre, parce que je n'ai ni l'intention ni le droit de l'interdire. » — De Broglie, discours du 31 mai 1883.

Le ministre n'a pas l'intention de l'interdire : nous le constatons une fois de plus.

Quant à son droit, M. de Broglie l'a démontré, il est la conséquence nécessaire de son devoir, qui est d'assurer la neutralité ; la loi même de 1880 lui permet d'interdire un livre après avoir pris l'avis de la section permanente du Conseil supérieur ; et enfin, n'est-il pas présumable que si le ministre, usant d'une circonspection excessive, invitait les réunions pédagogiques à ne plus mettre sur leurs listes les manuels « qui troublent la paix, » un grand nombre de ces fonctionnaires s'empresseraient d'obéir, pour ne pas perdre les faveurs de l'autorité ?

§ II. — L'intention des circulaires.

Lorsqu'il préparait ses circulaires, pour répondre à l'attente générale produite par les promesses du Gouvernement, le ministre de l'instruction publique s'est-il fait illusion? Avait-il sérieusement l'intention de « prendre un redoublement de précautions pour assurer la neutralité, » et s'est-il trompé sur les moyens seulement?

Nous ne pouvons le croire.

Comment M. J. Ferry se serait-il imaginé que les Catholiques applaudiraient à de telles mesures, et voudraient bien s'en montrer satisfaits?

Non, il n'a point cru assurer vraiment la neutralité; il est infiniment plus probable que son désir a été, avant tout, de déplacer les responsabilités (1). Son langage trahit avec évidence cette préoccupation, cette idée fixe. C'est le moyen qu'il a imaginé pour sortir d'une situation délicate.

Que faire, s'est-on dit apparemment, pour protéger la loi qui chasse la religion de l'école et la remplace par la morale laïque?

Interdire les manuels dont les Catholiques se plaignent? Mais cela est compromettant vis-à-vis des hommes qui poussent aujourd'hui le char de la Révolution. Et puis nous aurions l'air, dans les

(1) C'est une manœuvre à laquelle il a eu déjà recours dans cette question des manuels. Quand M. de Broglie lui reprochait le trouble jeté dans les consciences par les manuels impies, n'a-t-il pas osé affirmer tout d'abord que la responsabilité retombait entière sur les évêques et les prêtres, le Gouvernement ne suivant jamais d'autre politique que celle de la défensive?

circonstances présentes, d'avoir obéi au décret de l'Index (1). Fi donc!

Mépriser les réclamations des Catholiques? Cela n'est pas possible. Il nous faudrait subir encore leurs éternelles protestations. Et que leur répondrons-nous, après avoir été, à deux reprises différentes, si fort embarrassés par leurs interpellations. Dans quelle situation nous mettront-ils, quand déjà ils nous ont fait prendre, à la face du pays, des engagements qu'il nous est impossible de tenir?

Une seule ressource nous reste : essayer de dégager autant que possible, notre responsabilité, et jeter sur d'autres épaules le lourd fardeau de la neutralité obligatoire.

Les instituteurs publics sont nos fonctionnaires; qu'ils en portent toute la responsabilité : ils sont payés pour cela.

Et ce plan tracé, le ministre, tout en recommandant instamment aux instituteurs le souci de la neutralité, leur donne une liberté absolue dans le choix des manuels, et les avertit qu'ils sont seuls responsables de leur enseignement. « Vous êtes l'auxiliaire et à certains égards le suppléant du père de famille, dit-il; parlez donc à son enfant

(1) Ainsi que nous l'avons exposé plus haut, en parlant de la répugnance du président du Conseil pour la Congrégation romaine, nous ne demandons nullement que le Gouvernement obéisse à une loi de l'Index, mais bien qu'il nous laisse libres, nous, d'obéir, et qu'il fasse exécuter *sa propre loi* sur la neutralité, en ne la laissant pas violer par des livres qui ont été déclarés officiellement contraires aux principes chrétiens.

comme vous voudriez que l'on parlât au vôtre : avec force et autorité toutes les fois qu'il s'agit d'une vérité incontestée ; *avec la plus grande réserve, dès que vous risquez d'effleurer un sentiment religieux* dont vous n'êtes pas juge (1). »

« Il n'y aura pas un instituteur en France qui ne soit libre de choisir entre tous les manuels qui ont obtenu, ne fût-ce que dans une seule académie, le suffrage de ses collègues (2). »

Mais cette liberté ressemble à toutes les autres : il faut en donner le prix.

« Il est juste que vous ayez à cet égard autant de liberté que vous avez *de responsabilité* (3). »

L'instituteur sera responsable de son enseignement. Il importe même que l'attention du public ne soit pas attirée sur les manuels employés à l'école : aussi faut-il éviter d'*abuser de ces manuels*, et surtout de paraître identifier l'enseignement officiel avec l'enseignement de tel ou tel livre (4).

(1) Circulaire adressée aux instituteurs.

(2) Circulaire adressée aux recteurs.

(3) Circulaire adressée aux instituteurs.

(4) « Ce qui importe, ce n'est pas l'action du livre, c'est la vôtre. Il ne faudrait pas que le livre vînt en quelque sorte s'interposer entre vos élèves et vous. Le livre est fait pour vous, et non vous pour le livre. Il est votre conseiller et *votre guide*, mais c'est vous qui devez rester le guide et le conseiller par excellence de vos élèves...

» Quelque solution que vous préfériez, *je ne saurais trop vous le redire*, faites toujours bien comprendre que vous mettez votre amour-propre, ou plutôt votre honneur, *non pas à faire adopter tel ou tel livre*, mais à faire pénétrer profondément dans les jeunes générations l'enseignement pratique des bonnes règles et des bons sentiments. (Circulaire adressée aux instituteurs.)

Dans tous les cas, l'instituteur sera également responsable du choix qu'il aura fait dans la liste des livres d'instruction morale et civique : c'est à lui seul que pourront s'adresser les plaintes des mécontents.

Le Gouvernement n'aura pas à intervenir dans cette question des manuels : car il sera bien constaté désormais qu'il demeure absolument étranger au choix des livres. Il prescrit l'enseignement moral et civique : mais si l'enseignement lui-même est obligatoire, les moyens, c'est-à-dire les livres, ne le sont nullement (1). La mission qu'il confie au maître, c'est tout simplement d'enseigner la bonne vieille morale de nos pères. L'instituteur n'est pas l'apôtre d'un nouvel évangile ; il n'est ni un philosophe ni un théologien improvisé. « Pourquoi voudrait-il, dans ses leçons, remonter aux principes mêmes de la morale ? « Nous-mêmes, dit M. J. Ferry, dans les relations de la vie, nous nous honorons de suivre cette bonne et antique morale, *sans nous*

(1) « Il importe de distinguer de plus près entre l'essentiel et l'accessoire, entre l'enseignement moral, qui est obligatoire, et les moyens d'enseignement qui ne le sont pas. Si quelques personnes peu au courant de la pédagogie moderne ont pu croire que nos livres scolaires d'instruction morale et civique allaient être une sorte de catéchisme nouveau, c'est là une erreur que ni vous, ni vos collègues n'avez pu commettre. Vous savez trop bien que, sous le régime de libre examen et de libre concurrence, qui est le droit commun en matière de librairie classique, *aucun livre ne vous arrive imposé par l'autorité universitaire.* » (Circulaire adressée aux instituteurs.)

« Ce n'est pas le livre qui parle, ce n'est même plus le fonctionnaire (quel désir de dégager le Gouvernement !), c'est, pour ainsi dire, le père de famille. »

mettre en peine d'en discuter les bases philosophiques (1). »

La tâche est extrêmement simple, *mais extrêmement difficile* (2) » pour les instituteurs qui auront bien de la peine à contenter tout le monde. Quant au Gouvernement, il se retranchera derrière leur responsabilité, pour se mettre lui-même à l'abri ; et il est aisé de prévoir ce qui nous sera répondu lorsque nous aurons encore à nous plaindre de la violation de la neutralité et de l'introduction à l'école des manuels censurés.

Mais si le ministre croit dégager réellement sa responsabilité ; s'il s'imagine que les Catholiques cesseront de lui adresser à lui-même leurs justes protestations, il se fait illusion. Le Gouvernement restera toujours responsable, à un double titre, des atteintes portées à nos croyances : d'abord, parce qu'il a fait la loi qui met la morale laïque à la place de la religion ; ensuite, parce qu'en prenant l'enga-

(1) « Il parait qu'elle avait du bon, cette France une et chrétienne, car on veut lui emprunter sa bonne vieille morale. Il est probable que c'est uniquement parce qu'on n'a pas pu la remplacer. Mais, en même temps qu'on maintient les préceptes, on interdit aux maitres d'en établir les bases, ou d'en indiquer les fins supérieures. On intimera à l'enfant l'obligation de la lutte contre lui-même, et s'il demande : pourquoi le combat? on lui répond : silence, cette question est indiscrète. Et s'il demande : à quoi sert la victoire? on lui dira encore que cela ne le regarde pas. Etrange manière de maintenir la vieille morale, en l'isolant de tout appui, de tout aboutissant! C'est dire : nous habiterons toujours la vieille maison de nos pères ; seulement nous ôterons la toiture et nous arracherons les fondations. » — Discours de Mgr d'Hulst, au Congrès des Catholiques de Normandie.

(2) Circulaire du 18 novembre 1883.

gement, comme il était naturel, de faire respecter la neutralité, il s'est obligé à la protéger par des moyens efficaces et sérieux, et non par des mesures aussi nulles que le sont les circulaires du 18 novembre 1883.

A chacun sa responsabilité. Aux instituteurs, la la plus immédiate ; au Gouvernement, la plus grave. C'est dans cette mesure que nous dénoncerons l'oppression. Nous savons bien qu'au fond on ne se désintéresse point des intérêts religieux. On les protège, ou on les opprime : il n'y a point de milieu possible. Et Jésus-Christ a dit : « Celui qui n'est pas pour moi, est contre moi. »

§ III. — Conséquences pratiques pour les Catholiques.

Les circulaires du 18 novembre 1883, nous l'avons dit, sont une garantie bien faible de la neutralité religieuse, et n'assurent point, pour l'avenir, le respect de nos croyances. Le ministre demande aux instituteurs la plus grande réserve à ce sujet. Peut-être désire-t-il plus encore qu'il ne demande. Il insiste tellement sur ce point, il recommande si fortement aux instituteurs de ne pas tenir à tel ou tel manuel, qu'on pourrait croire qu'il désapprouve l'usage des livres repoussés par les Catholiques.

Mais il n'ose pas aller plus loin ; il ne parle pas des livres en question, comme si toutes les difficultés pratiques, qu'il a la tâche d'aplanir, ne résultaient pas de cette cause. Et il reste que, dans toute la France, les instituteurs ont le droit légal d'enseigner avec ces manuels.

Il est impossible que certains instituteurs, un grand nombre peut-être, n'usent pas de ce droit, et ne mettent pas entre les mains des enfants qui leur sont confiés des ouvrages où leur foi est attaquée (1).

C'est une violation, une oppression, à laquelle il ne nous est pas permis de nous résigner. Les pères de famille, les évêques de France l'ont déclaré, sont obligés en conscience de lutter contre la profanation des âmes de leurs enfants. Il ne s'agit pas ici d'une action facultative réservée aux hommes d'un grand courage, à l'élite de la société chrétienne : c'est pour tous un véritable devoir.

Mais comment résister pratiquement à l'invasion de l'impiété dans l'école ? Comment protéger contre

(1) M. Chesnelong décrit ainsi le calcul suivi pour introduire ces ouvrages dans les écoles :

« Vous n'en êtes pas encore à la période uniforme de l'application de votre système de déchristianisation de l'enfance. Là où vous espérez ne rencontrer aucune opposition, vous y allez résolûment ; le manuel de Paul Bert s'installe en maître dans vos écoles. Là où vous craignez de rencontrer la résistance générale des familles, vous cheminez à petit bruit : vous avancez lentement et prudemment, vous ne faites pas d'éclat ; le manuel de Paul Bert ne se montre pas ; le manuel de Compayré ne se montre que fort discrètement ; et si les parents s'inquiètent, vous vous hâtez de le cacher, sauf à le faire reparaître dans les leçons orales du maître.

Mais là où les familles n'expriment leur mécontentement qu'avec timidité, là où *vous avez lieu de croire que quelques coups d'arbitraire auront raison d'oppositions qui semblent hésitantes,* vous imposez aux enfants quelquefois le manuel de M. Compayré, plus souvent celui de M. Paul Bert ; et si les parents retirent pour ce fait les enfants de vos écoles, vous poursuivez les parents devant la commission scolaire et devant les tribunaux. » — Discours au Sénat, 31 mai 1883.

les mensonges de nos ennemis les âmes délicates qu'ils veulent corrompre ?

La conduite des parents chrétiens était tracée déjà ; les nouvelles circulaires déterminent mieux encore quelle direction il convient de donner à la résistance, quelle attitude il faut prendre devant les infractions à la loi de la neutralité.

Quel est en effet le rôle de l'instituteur, tel que l'expose la circulaire du 18 novembre 1883 ? C'est de tenir la place du père de famille ; de représenter auprès de l'enfant, le père avec ses sentiments et ses volontés (1). Ce rôle l'oblige à tenir compte, dans son enseignement, des intentions exprimées par le père de famille, et même de ses intentions présumées. Voici un passage de la circulaire qui est très significatif sous ce rapport :

« Si parfois vous étiez embarrassé pour savoir jusqu'où il vous est permis d'aller dans votre enseignement moral, voici une règle pratique à laquelle vous pouvez tenir. Au moment de proposer à vos élèves un précepte, une maxime quelconque, demandez-vous s'il se trouve à votre connaissance un seul honnête homme qui puisse être froissé de ce que vous allez dire. Demandez-vous si un père de famille, je dis un seul, présent à votre classe et vous écoutant, pourrait de bonne foi refuser son assentiment à ce qu'il vous entendrait dire. Si oui, abstenez-vous de le dire ; si non, parlez hardiment. »

(1) « Vous êtes l'auxiliaire et à certains égards le suppléant du père de famille...

Ce n'est pas le livre qui parle, ce n'est même plus le fonctionnaire : c'est pour ainsi dire le père de famille dans toute la sincérité de sa conviction et de son sentiment. »

Nous craignons beaucoup que les instituteurs ne soient point fidèles à cette règle pratique. Mais nous savons quelle est leur mission, quelle instruction, quel ordre, quelle consigne (ce sont les expressions de M. Ferry), ils ont reçue ; et nous pouvons exiger qu'ils restent dans leur rôle.

Il n'est point à espérer que le Gouvernement se mette en peine de rechercher s'ils respectent la neutralité : le ferait-il du reste, ce serait pour nous une garantie insuffisante.

C'est aux pères de famille de surveiller eux-mêmes, avec une attention pleine de sollicitude et proportionnée à la gravité de leur devoir, l'enseignement donné à leurs enfants, pour le dénoncer s'il est contraire à la religion et le repousser énergiquement.

Qu'ils sachent donc quels sont les livres dont on fait usage à l'école. Les livres de lecture, les livres d'histoire pourraient être dangereux. Quant aux manuels d'instruction civique et d'instruction morale dont nous nous préoccupons plus particulièrement, il en est de toutes nuances dans la liste officielle où les instituteurs publics (1) ont à faire leur choix.

Il en est qui sont mauvais, parce qu'ils contiennent des choses contraires à la foi. Nous avons déjà nommé les quatre que l'Eglise a condamnés : P. Bert : *L'Instruction civique à l'école* ; — Com-

(1) Nous disons les instituteurs *publics ;* car les instituteurs ou institutrices *libres* ne sont nullement dans l'obligation de prendre un des manuels de la liste officielle ; et il est bien entendu que le manuel de leurs écoles doit être un livre chrétien. Les manuels de ce genre sont nombreux. Signalons ceux de MM. A. Loth, Audley, Pégat, abbé de Broglie, abbés Bailleux et Martin, Mme Juranville, etc.

payré : *Eléments d'instruction morale et civique* ; — Mme Henry Gréville : *L'instruction morale et civique à l'usage des jeunes filles* ; — Jules Steeg : *Instruction morale et civique.*

D'autres ne parlent pas de Dieu : ils ne sont pas conformes au programme qui mentionne les devoirs envers Dieu. Tels sont les manuels de Laloi, de Mme Coignet, etc...

Quelques-uns, comme ceux de MM. Mézières, Barrau, etc., remplissent le programme, et paraissent d'ailleurs inoffensifs au point de vue religieux.

Enfin on en trouve deux au moins qui portent empreinte de l'esprit chrétien : le manuel des frères des Ecoles chrétiennes, *F. I. C., Essai d'enseignement civique* ; et Allou, *Cours de morale et notions d'enseignement civique*, ouvrage agréable à lire et contenant un grand nombre d'histoires (1).

Les instituteurs ne doivent pas oublier qu'ils ont le droit de choisir ces deux derniers manuels. Leur conscience leur inspirera ce choix s'ils sont chrétiens. Mais puisqu'ils doivent tenir compte, des désirs des pères de famille, c'est à ceux-ci d'exprimer leur préférence pour un bon manuel et de déterminer, s'ils le peuvent, les maitres d'école à se conformer à leurs intentions (2).

(1) Les manuels d'instruction morale et d'instruction civique inscrits sur la liste générale pour l'année scolaire 1883-1884 sont au nombre de 24. Cette liste peut être modifiée chaque année : elle s'accroîtra à mesure que des choix nouveaux seront faits par les conférences des instituteurs.

(2) « Pour le moment, et avec le catalogue actuel, les parents et les maires ont un devoir impérieux et facile à

Les manuels absolument neutres peuvent être tolérés, au même titre que l'école neutre elle-même, quand il n'est pas possible d'avoir mieux.

Les manuels de morale qui ne mentionnent pas les devoirs envers Dieu ne sont pas conformes au programme (1). C'est une raison pour les repousser. Mais nous pouvons aussi les considérer comme mauvais, parce que mettre Dieu en dehors de la morale, et ne pas compter les devoirs envers Dieu parmi les obligations morales de l'homme, c'est faire acte d'irréligion, c'est de l'impiété (2).

Enfin il faut à tout prix bannir de l'école ceux qui portent quelque atteinte à nos croyances religieuses. Il y en a plusieurs de ce genre : on peut encore en publier d'autres à l'avenir. Il faut les signaler ; et, quand même l'Eglise ne jugerait pas à propos de les censurer (car elle ne censure pas tous les mauvais

remplir : c'est d'exiger que, dans leurs communes, les instituteurs se servent des manuels bons ou du moins inoffensifs, qui figurent sur ce catalogue. » — Circulaire de la *Société générale d'Education et d'Enseignement*, 10 décembre 1883.

(1) Le programme fait mention des devoirs envers Dieu pour l'instruction *morale* et non pour l'instruction *civique*. Ce que nous disons ici ne s'applique donc qu'aux manuels de morale.

(2) « La neutralité est une forme de l'hostilité. Chasser la religion de l'école, c'est déclarer qu'elle n'a rien à faire dans la formation de l'âme humaine, ce qui est une façon de la nier en proclamant son inutilité. Garder le silence sur Dieu, c'est donner à entendre qu'il n'est pas la lumière des intelligences, la loi des volontés, le juge suprême des actes humains ; ce qui est une façon d'apprendre à l'enfant à mépriser Dieu avant de lui apprendre à le connaître. » — Discours de M. Chesnelong.

livres), leur refuser absolument la libre entrée dans l'école.

En même temps que les livres, les pères de famille surveilleront l'enseignement oral, dont l'influence est plus profonde encore sur l'esprit des enfants.

Si un instituteur manque à la « consigne » qu'il a reçue, s'il n'a pas pour les croyances des pères de famille tout le respect qui leur est dû, qu'on fasse connaître à ses chefs hiérarchiques cette violation de la loi. Le résultat de ces démarches sera plus assuré si l'on garde toutes les mesures du bon droit et si les municipalités elles-mêmes en prennent l'initiative.

En principe, d'après M. le président du conseil, un instituteur qui porte atteinte à la foi d'un des enfants dont l'éducation lui est confiée, doit être considéré comme aussi coupable que s'il s'était livré à des violences matérielles, et puni avec une égale sévérité.

Dans la pratique, quel châtiment sera infligé au coupable ? Nous l'ignorons. Il peut y avoir de grandes différences entre des mesures administratives et une attitude officielle : les faits ne le prouvent que trop clairement.

Mais si nous n'obtenons pas toujours une satisfaction suffisante, nous pourrons du moins nous rendre le témoignage d'avoir accompli un devoir ; et nous verrons diminuer l'audace et les forces de l'impiété en proportion de l'énergie de notre résistance.

« Il y a dans la vie des sociétés, ce sont les réflexions de l'archevêque de Paris, certaines heures de trouble où les esprits déconcertés semblent avoir perdu toute direction. Aucune vérité ne paraît plus acquise, aucune expérience n'a plus d'autorité, aucune tradition n'est plus respectée. On remue tout, on change tout, on essaie de tout, et les ruines s'accumulent sous les coups des novateurs qui ne se rendent pas compte de ce qu'ils font. Tout semble indiquer que nous touchons à une de ces heures. Laissons-la passer, en gardant nos âmes dans la patience. Nous avons, grâce à Dieu, une lumière pour nous guider, une autorité pour nous affermir, un secours divin pour nous fortifier, d'immortelles espérances pour relever nos courages. Soyons fermes et pacifiques, aimons ceux qui nous haïssent, faisons du bien à ceux qui nous font du mal, prions pour l'Eglise, pour la France ; et Dieu, qui est le maître de tous et de toutes choses, sera avec nous... »

FIN

TABLE DES MATIÈRES

Pages

Fontenay-le-Comte, Imprimerie Vendéenne.

Fontenay-le-Comte, Imprimerie Vendéenne.

www.ingramcontent.com/pod-product-compliance
Ingram Content Group UK Ltd.
Pitfield, Milton Keynes, MK11 3LW, UK
UKHW020322230726
13925UKWH00002B/571

9 782013 496902